Hans-Joachim Schneider

Wanderführer
Eifel

Nördlicher Teil und Hohes Venn

Inhalt

Wandern in der Nordeifel	6
Der Nationalpark Eifel	8
Die Wälder der Eifel	10
Windpark Eifel	12
»Esst mehr Biber!«	14

Tour 1 Geheimnisvolle Ruinen im Wald – Von Schevenhütte durch den Meroder Wald (3.45 Std.; einfach) **16**

Tour 2 Stiller Forst am Brandenburger Tor – Vom Brandenburger Tor zur Wehebachtalsperre (4.30 Std.; einfach) **22**

Tour 3 Wasser für Aachen – Von Zweifall zur Dreilägerbachtalsperre (6 Std.; mittelschwer) **26**

Tour 4 Rund um das Tal der Vicht – Von Friesenrath zur Dreilägerbachtalsperre (4 Std.; mittelschwer) **31**

Tour 5 Felsen und eine mächtige Burg – Von Nideggen nach Abenden (2 Std.; einfach) **35**

Tour 6 Wo einst der Kaiser ruhte – Kleine Vennwanderung bei Mützenich (3 Std.; einfach) **40**

Tour 7 Wasser für Eupen – Rund um die Wesertalsperre (5 Std.; mittelschwer) **44**

Tour 8	Abenteuer am Rande des Venns – Vom Naturschutzzentrum zum Wasserfall des Bayehon-Baches (3 Std.; mittelschwer)	48
Tour 9	Die Schönheit des Venns – Von Baraque Michel entlang der Hill (4 Std.; einfach)	51
Tour 10	Das Kreuz der Verlobten – Von Botrange über Les Wes ins Polleur-Venn (3.30 Std.; einfach)	56
Tour 11	Eifelperlen – Durch das Tal des Perlenbaches (3 Std.; einfach)	59
Tour 12	Endlose Wälder im Nationalpark – Vom Parkplatz Wahlerscheid zum Wüstebach (4 Std.; mittelschwer)	62
Tour 13	Ein Nationalpark ohne Wald? – Über die Dreiborner Hochfläche (3 Std.; einfach)	66
Tour 14	Ins Herz des Nationalparks – Von Gemünd durch den Kermeter und den Olefer Kirchwald (4.30 Std.; mittelschwer)	70
Tour 15	Zur Eifelbasilika – Von Kall zum Kloster Steinfeld (3.15 Std.; mittelschwer)	74
Tour 16	Bleibergwerk und Römerbauten – Von Mechernich nach Breitenbenden und Bergheim (4.30 Std.; mittelschwer)	78
Tour 17	Neandertaler und Römer – Von der Kakushöhle bei Eiserfey zum Aquädukt bei Vussem (4.30 Std.; mittelschwer)	82
Tour 18	Ökogemeinde Nettersheim – Schönheiten rund um Nettersheim (4.30 Std.; mittelschwer)	87
Tour 19	Römer, Römer, Römer ... – Rund um den Engelgauer Wald (4.30 Std.; mittelschwer)	92

Tour	20	Über Berg und Tal – Von Schleiden nach Dreiborn und über die Olefer Hardt (4 Std.; mittelschwer)	**97**
Tour	21	Von Burg zu Burg – Von Reifferscheid nach Wildenburg (3.30 Std.; mittelschwer)	**100**
Tour	22	Im Rescheider Bleirevier – Von Rescheid durch den Kronenburger Wald (3 Std.; mittelschwer)	**104**
Tour	23	Vergangene Berühmtheiten – Kronenburg und das obere Kylltal (3.30 Std.; einfach)	**107**
Tour	24	Feuer und Eisen – Von Jünkerath nach Lissendorf (3 Std.; einfach)	**111**
Tour	25	Eifelschönheiten – Von Mirbach durch das Lampertstal nach Alendorf und zurück (3 Std.; einfach)	**114**
Tour	26	Traumhaft schöne Eifel – Von Alendorf durchs Lampertstal (2.30 Std.; einfach)	**119**
Tour	27	Wasser und Brot – Von Blankenheim nach Nonnenbach und weiter über den Brotpfad (4 Std.; einfach)	**122**
Tour	28	Über die Hochfläche – Von Blankenheim-Wald nach Dahlem (3 Std.; einfach)	**126**
Tour	29	Stetes Auf und Ab – Von der Erftquelle über Roderath nach Schönau (4 Std.; mittelschwer)	**130**
Tour	30	Köhler, Kelten, Kommandeure Rund um Bad Münstereifel (2.30 Std.; einfach)	**134**
Tour	31	Kelten, Römer und eine Motte – Zwischen Kreuzweingarten und Iversheim (4.30 Std.; mittelschwer)	**137**

Tour 32	Am Rande des Vorgebirges – Von Rheinbach zu den ersten Eifelhöhen (3.30 Std.; einfach)	141
Tour 33	Wunderwerk der Technik – Von Houverath zum Effelsberger Radioteleskop (3 Std.; einfach)	144
Tour 34	Ein markanter Geselle – Von Wershofen nach Aremberg (4.30 Std.; mittelschwer)	147
Tour 35	Fast alpine Ausblicke – Von Mayschoß zum Steinerberghaus (2.30 Std.; einfach)	151

Register 154

Abbildungsnachweis/Impressum 156

Das Klima im Blick — atmosfair

Reisen verbindet Menschen und Kulturen. Wer reist, erzeugt auch CO_2. Der Flugverkehr trägt mit bis zu 10 % zur globalen Erwärmung bei. Wer das Klima schützen will, sollte sich – wenn möglich – für eine schonendere Reiseform entscheiden. Oder die Projekte von *atmosfair* unterstützen: Flugpassagiere spenden einen kilometerabhängigen Beitrag für die von ihnen verursachten Emissionen und finanzieren damit Projekte in Entwicklungsländern, die dort den Ausstoß von Klimagasen verringern helfen *(www.atmosfair.de)*. Klar – auch der DuMont Reiseverlag fliegt mit *atmosfair!*

Wandern in der Nordeifel

Wandersaison

In der Eifel kann man zu jeder Zeit wandern. Die schönsten Monate sind April bis Juni, wenn es nicht zu heiß ist und die Natur in voller Blüte steht. Sehr schön ist aber auch der Oktober, wenn das Laub sich färbt.

Für Wanderungen im Hohen Venn gibt es aus Gründen des Naturschutzes zeitweilige Beschränkungen. Wer den weiten Weg nicht vergebens machen will, sollte sich vorher erkundigen. Die Beschränkungen haben unterschiedliche Auswirkungen auf die jeweiligen Zonen. Es gibt dauerhafte Beschränkungen, aber bei Bedarf auch vorübergehende. Die Kernzone darf von Besuchern gar nicht betreten werden, über alle Beschränkungen sollte man sich vor jeder Wanderung aktuell informieren. Informationen über Sperrzeiten und geschützte Zonen gibt es (auch auf Deutsch) unter der Telefonnummer 0032/(0)80/440300. Das Mitführen von Hunden (auch an der Leine) ist im Naturschutzreservat Hohes Venn allgemein untersagt.

Anspruch

In der Rubrik »Die Wanderung in Kürze« wird jeweils darauf hingewiesen, ob es sich um eine einfache (+), eine mittelschwere (++) oder eine anspruchsvolle (+++) Tour handelt. Immer handelt es sich um Tages- oder Halbtagstouren. Technisch wirklich anspruchsvolle Touren kommen in der Eifel aber nicht vor, lediglich die Länge einiger weniger Touren stellt höhere Ansprüche an die Kondition der Wanderer.

Gehzeiten

Alle in diesem Wanderführer angeführten Zeiten verstehen sich als reine Gehzeiten. Rechnen Sie bei der Planung einer Tour für Pausen und Fotostopps mindestens noch ein

Viertel der im Infokasten zur Wanderung vorgegebenen Zeit hinzu. Auch unvorhergesehene Ereignisse, z. B. ein Wetterumschwung, können die Wanderzeit natürlich erheblich verlängern.

Wege und Markierungen

Es gibt viele Wanderwege in der Eifel, und alle tragen ihre eigenen Markierungen. Neben den örtlichen Wanderwegen, die oft von den Kommunen unterhalten und gepflegt werden, gibt es noch das riesengroße Netz der Wege, die vom Eifelverein und seinen Ortsverbänden betreut und in Schuss gehalten werden. Entsprechend groß ist auch die Zahl der Markierungen, die gerade in der Nähe touristisch beliebter Orte zu einiger Verwirrung führen können. An manchen Wegkreuzungen kann man auf bis zu zwanzig verschiedene Markierungen treffen, weshalb in diesem Führer weitgehend auf die Angabe von Markierungen verzichtet wird. Nur da, wo sie eine zusätzliche Hilfe zur Orientierung darstellen, werden sie erwähnt.

Ausrüstung

Feste, gut eingelaufene Wanderschuhe sind für alle Touren ratsam. Nicht unbedingt nötig, aber doch eine Hilfe für alle, die mit Knie- oder Hüftproblemen zu kämpfen haben, sind Teleskopstöcke. Im Frühjahr und Herbst – aber auch bei entsprechenden Wetterprognosen – gehört unbedingt eine Regen- oder Windjacke in den Tagesrucksack. Trinkwasser und Proviant sollten im Rucksack ebenfalls nicht fehlen, da unterwegs vielfach keine Einkehrmöglichkeit besteht.

Wanderkarten

Für die Eifel empfehlen sich die speziell für Wanderer konzipierten Karten des Eifelvereins. Sie sind in der Regel im Maßstab 1:25 000 angelegt und decken alle Regionen der Eifel ab. Eine Karte für den Nationalpark Eifel gibt es ebenfalls vom Eifelverein (www.eifelverein.de). Die Kompass-Karten 757, 758 und 836 decken einen Großteil des Gebietes im Maßstab 1:50.000 ab.

Mit Bus und Bahn

Leider sind nur wenige Touren in der Eifel einfach mit öffentlichen Verkehrsmitteln erreichbar. Einzelne Touren beginnen an Bahnhöfen entlang der Bahnstrecke Köln–Trier. Alle Touren, die bei der Anreise eine Kombination von Bahn und Bus erforderlich machen, sind sehr zeitaufwendig. Viele Touren sind nur bei der Anreise mit dem Auto sinnvoll.

Änderungen nach Redaktionsschluss

Windbruch, großflächige Forstarbeiten, Bauvorhaben aber auch planerische Entscheidungen bezüglich Wegführung oder Nummerierung der Wanderwege führen immer wieder dazu, dass einzelne Routenbeschreibungen nicht mehr stimmen. Um seine Leser stets über aktuelle Änderungen vor Ort zu informieren, unterhält der Autor den Wanderblog www.anderswandern.de. Bitte benutzen Sie dort das Kontaktformular, wenn Sie bei Ihren Touren Abweichungen zu den im Buch angegebenen Beschreibungen finden; vielen Dank.

Der Nationalpark Eifel

Seit dem 1. Januar 2004 gibt es ihn, den Nationalpark Eifel. Er ist Teil des Deutsch-Belgischen Naturparks Eifel-Hohes Venn. Während der Naturpark sich mit einer Gesamtfläche von 2 500 km² über Teile von Nordrhein-Westfalen, Rheinland-Pfalz und Belgien erstreckt, umfasst der Nationalpark Eifel etwa 10 700 ha (107 km²), stellt also nur einen kleinen Ausschnitt des Naturparks dar. Ziele des Naturparks sind im weitesten Sinne Naturschutz, Landschaftspflege sowie der Erhalt des für die Region typischen ländlichen Raumes. Der Nationalpark ist in seiner Zielsetzung strenger, aber auch gleichzeitig umfassender definiert: Erklärtes oberstes Ziel des Nationalparks Eifel ist es, »die Natur wieder Natur sein zu lassen«, das heißt, die gesamte Natur steht unter strengem Schutz.

Dabei gehen die Initiatoren und Gründer von einem ganz bestimmten Bild der Natur in der Eifel aus: Man möchte, dass sich im Nationalpark wieder die Buchen-Urwälder entwickeln, die einst weite Teile Mitteleuropas bedeckten. Dazu reicht es aber nicht, die Natur Natur sein zu lassen. Der Mensch, in diesem Fall also die Forstbehörde, muss regulierend eingreifen. Es ist zweifelhaft, ob die Natur – ganz sich selbst überlassen – diese alte Vegetationsform wieder hervorbringen könnte. Zwar wird im Nationalpark (weitgehend) auf die forstwirtschaftliche Nutzung verzichtet und absterbende Bäume werden nicht gefällt, sondern fallen einfach um, wenn ihre Zeit gekommen ist, sodass ihr totes Holz Bestandteil des natürlichen Kreislaufes bleibt. Aber noch herrscht in vielen Bereichen der Fichtenwald vor, sodass man auch viele Buchensetzlinge ausbringen müssen wird. Der Nationalpark muss also erst noch werden, was er einmal sein soll. Und das wird noch einige Jahrzehnte dauern. Aber nicht nur die Buche soll im Nationalpark geschützt und gefördert werden. Es gibt Hunderte von gefährdeten Pflanzenarten, die im Nationalpark ihre Rückzugsgebiete finden. Auch Biber, Wildkatze und andere selten gewordenen Tierarten dürfen sich hier wieder heimisch fühlen.

Der umfassende Schutzgedanke lässt sich natürlich nur durch besondere Maßnahmen verwirklichen: So ist der Nationalpark seit 2007 nicht mehr frei zugänglich.

Wer sich individuelle Touren zusammenstellen möchte, muss sich an den verbindlichen Wegeplan halten. Dieser lässt nicht allzuviele Varianten zu. Ein Abweichen von den freigegebenen Wegen kann empfindliche Strafen nach sich ziehen. Infomaterial erhalten Sie auf der Website der Nationalparkverwaltung oder durch kostenfreie Broschüren sowie in den vier Nationalpark-Toren in Gemünd, Rurberg, Heimbach und Monschau-Höfen. Eine Wanderkarte mit dem aktuellen verbindlichen Wegeplan (Nationalpark-Karte 1:25 000, Wandern, Radfahren, Reiten, WK 50 des Eifelvereins) ist seit Anfang des Jahres 2008 im Handel, kann aber auch direkt bei der Geschäftsstelle des Eifelvereins in Düren (Telefon: 0 24 21/131 21) bestellt werden.

Nicht zuletzt soll der Nationalpark auch das ›Erlebnis Natur‹ fördern. Man weiß aus anderen Regionen, dass Nationalparks wahre Besuchermagneten sein können. Und auch in der Eifel sind seit Bestehen des Nationalparks die Touristenzahlen nach Jahren der Stagnation wieder angestiegen.

Damit aber der Besucherstrom kanalisiert werden kann, mussten Menschen ausgebildet werden, die die Besuchergruppen durch den Park führen und gezielt informieren. Es sind speziell geschulte Forstwirte – hier nennt man sie neudeutsch ›Ranger‹ –, und als Kennzeichen tragen sie einen Hut, den man von den kanadischen Mountys kennt. Die Natur- und Landschaftspfleger leiten nicht nur themenbezogene Führungen, zu ihren Aufgaben gehört es auch, die Bestände der schützenswerten Arten zu kartieren.

Der Park erstreckt sich von Nideggen im Norden über das gesamte Gebiet des Rurstausees bis hin zur Oleftalsperre im Süden. Einen beträchtlichen Teil des Nationalparks nahm bis Ende 2004 der ehemalige belgische Truppenübungsplatz Vogelsang ein. In Teilen des ehemals militärisch genutzten Bereichs konnte sich schon in den vergangenen mehr als 50 Jahren die Natur ungestört entwickeln. Deshalb soll das Gelände in Zukunft Herz- und Kernstück des Nationalparks werden.

Für Besucher aus den Niederlanden und Frankreich bietet der Nationalpark geführte Wanderungen in ihrer Landessprache an! Infos zum Nationalpark unter:
www.nationalpark-eifel.de oder E-Mail: info@nationalpark-eifel.de

Die Wälder der Eifel

Wir wissen schon aus Berichten aus der Römerzeit, dass Germanien seinerzeit weitgehend von Wäldern bedeckt war. Einigen Historikern zufolge sollen es vor allem Eichenmischwälder gewesen sein, die das Land bedeckten, andere führen Buchen als die am meisten verbreitete Baumart ab etwa dem 4. vorchristlichen Jahrtausend an. Aber schon vor der Römerzeit, nämlich spätestens zu dem Zeitpunkt, als sich die Jäger und Sammler als Bauern sesshaft niederließen, begann auch die Geschichte der Walddezimierung durch Rodung. Waren die ersten Rodungseingriffe in der Eifel noch auf die klimatisch begünstigten, weil tiefer gelegenen Randgebiete beschränkt, so änderte sich das spätestens, als die Römer die linksrheinischen Teile Germaniens besetzten.

Zwar bauten diese ihre Häuser am liebsten aus Stein, aber Holz wurde doch allenthalben benötigt: für Möbel, als Stützen für die Rebstöcke, die die Römer in der germanischen Provinz heimisch gemacht hatten, besonders aber für den Bau des Limes. Im Umkreis der von den Römern gegründeten Städte wurde bald das Holz knapp.

Neben den Römern waren es aber auch schon die Germanen, die mit ihren Siedlungsplätzen tiefer in die Wälder eindrangen. Sie trieben darüber hinaus ihr Vieh in die Wälder, um es dort zu weiden. Dieses durchwühlte den Boden und fraß (fast) alles, was aus dem Waldboden spross.

Die Wälder der Eifel

Bedenklich für die Eifelwälder – und nicht nur für diese – wurde es allerdings, als auch im nachrömischen Germanien immer größere Siedlungen entstanden, für die das gesamte Bauholz aus den Wäldern geholt wurde. So soll schließlich etwa um 1250 die von Wald bedeckte Fläche in Europa auf 30 % seiner ursprünglichen Fläche zusammengeschrumpft gewesen sein, was etwa dem heutigen Stand entspricht.

Aber es sollte noch weitaus schlimmer kommen: Die etwa seit dem 16. Jh. aufblühende Industrie brauchte Eisen, und die Eisen erzeugende Industrie brauchte Unmengen Holz. Zunächst waren die Standorte der Eisenhütten auf die Flussläufe beschränkt, aber schon zu dieser Zeit drangen die Köhler immer tiefer in die Wälder ein, wo sie vorwiegend Hain- und Rotbuchen fällten, um sie in ihren Meilern zu Holzkohle zu verarbeiten. Diese verbrennt mit höherer Temperatur als normales Holz und heizt somit die Schmelzöfen besser. Später zog die Eisenindustrie den Köhlern hinterher, die wiederum immer tiefer in die Wälder der Eifel eindrangen.

Fast überall in der Nordeifel finden wir Hinweise auf historische Eisenindustrie und somit auch auf Köhlerei. So waren Schleiden und Gemünd Zentren der Eisenindustrie (Wanderung auf dem historischen Köhlerweg, s. Tour 14). Interessant ist der Besuch von Schaumeilern etwa bei Simonskall, vielleicht sogar zum Anlass eines Köhlerfestes. Oder wie wäre es mit einem Besuch im Eisenmuseum Jünkerath?

So kam es, dass mit dem ausgehenden 19. Jh. die Eifelhöhen fast völlig kahl geschlagen waren. Nur noch Gebüsch und Heidekraut wuchsen auf dem kargen Land, auf dem nun vorwiegend Schafe geweidet wurden. Durch diese Nutzung erfuhr die Eifellandschaft ein ganz besonderes Gepräge, wie wir es heute noch in den Naturschutzgebieten der Wacholderheide studieren können, etwa bei Alendorf südlich von Blankenheim. Die Schafe ließen nur die harten Gewächse wie Ginster – wegen der Leuchtkraft seiner Blüten auch Eifelgold genannt – und Wacholder unangetastet.

Es war schließlich die preußische Verwaltung, die den Notstand erkannte und große Flächen mit der schnellwüchsigen Fichte aufforstete. Etwa zwei Drittel des heutigen Eifelwaldes sollen aus Nadelwald bestehen; zur Fichte kam später die noch schneller wachsende Douglasie hinzu.

Heute gibt es wieder große zusammenhängende Waldgebiete in der Eifel, wie etwa den Kermeter, zurzeit eines der größten zusammenhängenden Buchenwaldareale der Nordeifel, oder den Hürtgenwald, in dem man stundenlang wandern kann, ohne einer einzigen Menschenseele zu begegnen. Besuchenswert ist natürlich auch der Nationalpark Eifel, in dem wieder Buchen-Urwald entstehen soll, wie er vor Jahrhunderten die Waldflächen Mitteleuropas beherrscht hat (s. S. 9). Weitere Waldformen, die man sich einmal ansehen sollte, sind der große Eichenwald bei Kreuzweingarten (Tour 31) sowie der für die Eifel eher untypische Pappelwald in der Nähe von Kallmuth (Tour 17).

Windpark Eifel

Wer bei einigermaßen klarem Wetter durch die Eifel wandert, kennt das Bild: Auf fast jeder Höhe drehen sich Windräder, fast jede Horizontlinie wird durch eines oder mehrere Windräder durchbrochen. Als Industriedenkmäler der neuesten Generation dominieren sie mittlerweile das Blickfeld von fast jedem Aussichtspunkt der Eifel.

Politisch korrekt, stehen sie landauf, landab auf den Höhen. Politisch gewollt und mit Steuermitteln gefördert, als Alternative zu Atomkraftwerken, von Rot-Grün und ökologisch orientierten Bewegungen hochgelobt, werden immer mehr von ihnen gebaut. Ganze Windparks – denn heute wird kein Investor mehr ein einzelnes Windrad aufstellen – speisen ihren Strom in die öffentlichen Netze. Menschen, die mit reinem Gewissen ihr Geld anlegen wollen, mehren ihr Vermögen durch Grüne oder Ethik-Fonds, die oft auch Windenergieanteile halten – sicher sind sie zudem, weil staatlich subventioniert. Da muss doch jedem umweltbewussten Naturfreund das Herz höher schlagen!?

Doch mittlerweile regt sich massiver Widerstand. Selbst der sonst eher ruhige Eifelverein hat sich in die Front der Windkraftgegner eingereiht und bezieht vehement Stellung gegen die weitere Ausbreitung von Windrädern in der Eifel. Gutachten, vom Eifelverein bei renommierten Wissenschaftlern in Auftrag gegeben, konstatieren die verheerende Beeinträchtigung des Landschaftsbildes. Immer wieder findet sich der Hinweis, dass alle Windräder in der Eifel bisher kein einziges klassisches Kohle- oder Atomkraftwerk überflüssig gemacht haben. Immer breiter wird die Front gegen die einst naturnahe Idee, den Wind als unerschöpfliche Energieressource einzusetzen. Allein, solange es Gemeinden gibt, die den kurzfristigen Gewinn aus dem Verkauf eines Grundstücks über alle landschaftsplanerischen Überlegungen stellen, wird weiter gebaut, wenn auch nicht mehr so intensiv wie noch vor einigen Jahren.

Neben der landschaftszerstörenden Wirkung gibt es noch eine Reihe weiterer Gründe, weshalb Anwohner gegen den Bau von Windkraftanlagen in ihrer Nachbarschaft zu Felde ziehen. So herrscht bei allen im Betrieb befindlichen Anlagen ein permanentes surrendes Rauschen, das manch ein Anwohner auf Dauer nicht ertragen kann. Subtiler noch wirkt der von den Anlagen ausgehende Infraschall, der unterhalb der Wahrnehmungsschwelle des menschlichen Gehörs liegt, aber trotzdem störend und schädlich auf Körper und Psyche wirkt. Landwirte melden, dass Kühe oder Pferde, die auf der Wiese im Schatten von Windrädern weiden, nervös auf den sich ständig drehenden Schatten des Windrotors reagieren. Eine weitere Gefährdung geht von vereisten Windkraftrotoren im Winter aus. Zwar werden moderne Rotoren ab einem bestimmten Vereisungsgrad automatisch abgeschaltet, aber bei Wiederinbetriebnahme könnten Eisstücke von den Rotoren abspringen und vorbeikommende Spaziergänger, Autofahrer oder andere Lebewesen gefährden. Forstwirte und Naturschützer (sic!) beklagen die hohe Zahl der Opfer vor allem unter Raubvögeln und Fledermäusen, die von den sich mit hoher Geschwindigkeit (bis zu 200 km/h an den Rotorenspitzen) drehenden Rotoren im Flug erschlagen werden.

Eindeutig fest steht mittlerweile, dass der Grundstückswert in der Nachbarschaft von Windkraftanlagen abnimmt. Gemeinden, die sich also vom Verkauf von Grundstücken an Windkraftanlagenbetreiber kurzfristig Gewinne versprechen, schaden den Grundbesitzern in der Nachbarschaft. Es gibt somit eine ganze Reihe von Gründen, an der Umweltfreundlichkeit von Windkraftanlagen zu zweifeln. Nicht zu bezweifeln ist ihre Schadstoffbilanz: Sie fällt eindeutig günstiger aus als bei herkömmlichen Kraftwerken.

Was den Wanderer aber vor allem stört, ist eines: Er ist unterwegs, um sich zu erholen, um die Natur zu genießen, um sein Gemüt zu entspannen und seine Seele aufzutanken. Ärzte, Psychologen und andere Fachleute sind mittlerweile sicher, dass das Beste für die seelische Gesundheit der Anblick möglichst ursprünglicher, unberührter Natur ist. Die hofft der Wanderer in der Eifel zu finden. Doch der Anblick unberührter Natur wird in der Eifel immer seltener. Mächtig drängen sich die immer gigantischeren Windkraftbauten ins Landschaftsbild, kaum ein Horizont, der nicht von ihnen dominiert wird. Die Verfechter grüner Politik, die auf Windkraft als erneuerbare Ressource setzen, denken politisch zwar korrekt, aber eindimensional und nicht ganzheitlich. Der Anblick ›verspargelter‹ Horizontlinien etwa auf den Höhen über Kall oder im ehemaligen Rescheider Bleirevier lässt die Seele nicht zur Ruhe kommen. Dem engagierten Wanderer sollte also daran gelegen sein, dass die Zahl der Windräder in der Eifel nicht weiter zunimmt.

»Esst mehr Biber!«

»Esst mehr Biber!« Diese sonderbare Aufforderung stand in das Holz einer Schutzhütte nahe der Wehebachtalsperre eingeschnitzt. Nicht weit entfernt kann man einen kleinen Bach beobachten, der an mehreren Stellen über seine Ufer tritt und den Weg unter Wasser setzt. An den Ufern der entstandenen Tümpel stehen spitz zugenagte Baumstümpfe herum – sollten hier Biber am Werk gewesen sein? Hier am Wegrand, mitten im Hürtgenwald? Aber woher sollten sie kommen? Sind sie in unserem Landesteil nicht längst ausgestorben?

Andererseits der Aufruf in der Schutzhütte – ihm ging nämlich noch eine andere Aufforderung voran: »Rettet den Wald!« Was wie der Kalauer eines Scherzbolds klingt, berührt doch auch tief verwurzelte Ängste. Was wäre Europa, was wäre die Eifel ohne Wald? Und was haben die Biber damit zu tun?

In der Tat gab es jahrzehntelang keine Biber mehr in der Eifel, ja fast in ganz Deutschland nicht. Nur noch an der Elbe bei Magdeburg lebte eine kleine Kolonie von etwa hundert Tieren. Da die Biber aber zu den ursprünglich in diesem Mittelgebirge heimischen Tierarten gehörten, wurden 1981 an zwei Stellen der Eifel erste Wiederansiedlungsprojekte gestartet: zum einen an der Heimbachtalsperre, zum anderen an der Roten Wehe, einem Zufluss der Wehebachtalsperre im Herzen des Hürtgenwaldes. Die Biberkolonie an der Heimbachtalsperre war von Anfang an von massiven Protesten begleitet. Die Gegner der Wiederansiedlung schürten Ängste, die Biber könnten die Staumauer der Talsperre durchlöchern

»Esst mehr Biber!«

und so eine Katastrophe auslösen. Diese Befürchtungen erwiesen sich jedoch als unbegründet. Die zuständigen Behörden vermelden, dass sich der Biber eingelebt hat, sich vermehrt und dass die Staumauer trotzdem noch intakt ist. Auch im Hürtgenwald ist das Projekt erfolgreich, die Tiere konnten sich in dem großflächigen Waldareal in Ruhe einleben und ausbreiten, wie jeder Hürtgenwald-Wanderer bezeugen kann.

Einzelne Wiederansiedlungsprogramme gab es auch in anderen Regionen Deutschlands. Diese waren teilweise so erfolgreich, dass mancher beteiligte Revierförster heute froh wäre, hätte er damals Abstand genommen. Geschätzte 150 000 Biber sollen mittlerweile wieder in Deutschland leben.

Der Biber ist nach dem Wasserschwein das zweitgrößte Nagetier überhaupt. Er kann eine Rumpflänge von bis zu 130 cm erreichen und bis zu 35 kg wiegen. Seine Hauptmerkmale sind der schwere beschuppte Schwanz und die starken Nagezähne, mit denen er Bäume mit einem Durchmesser von bis zu 1 m fällen kann. Aus Stämmen und Zweigen baut er den Biberdamm, um das Wasser der Flüsse und Bäche aufzustauen, sowie seine ›Burg‹, in der die kleine Familienkolonie lebt. Er frisst ausschließlich Kräuter, Blätter, Gras und Wasserpflanzen.

Sein schönes dichtes Fell, das ihn vor Kälte und Wasser schützt, hat immer schon Pelztierjäger auf seine Spur gelockt, sodass der Biber im 19. Jh. fast in ganz Europa ausgerottet war. Zugleich wurde auch sein Lebensraum stark eingeschränkt: Flüsse wurden begradigt, Auenwälder abgeholzt.

Kritiker verweisen häufig auf die Probleme, die eine Wiederansiedlung mit sich bringt, denn der Biber ist seiner Natur nach äußerst erfolgreich in der Inbesitznahme und Umgestaltung seiner natürlichen Umgebung. Und da er sich auch äußerst erfolgreich vermehrt, breitet er sich weit über die ihm einst zugedachte Region hinaus aus. Mittlerweile nimmt er auch Flächen in Anspruch, auf denen er gar nicht gerne gesehen wird. So kommt es schon mal vor, dass er Obstbäume umlegt oder dass er durch seine Dammbauaktivitäten ganze Weideflächen unter Wasser setzt, die eigentlich der Nutztierhaltung vorbehalten sind.

Im Hürtgenwald gibt es diese Probleme nicht. Hier kann sich der Biber ungestört ausbreiten, das zuständige Forstamt sieht es mit Wohlwollen. Ins Konzept des neuen Nationalparks Eifel passt das Biberansiedlungsprogramm natürlich hervorragend, denn dazu gehören eben auch die Wiedereinbürgerung und der Schutz von Tierarten, die einst in der Eifel heimisch waren und heute ausgestorben oder bis auf einen bedrohten Rest dezimiert sind. Dass der Mensch der Natur dabei bisweilen ein wenig auf die Sprünge hilft, gehört zum erklärten Programm.

Wer im Hürtgenwald, dieser riesigen zusammenhängenden Waldfläche, wandert, wird sich kaum Sorgen machen, dass die Biberkolonie den Baumbestand ernsthaft dezimieren kann. Gehen wir also davon aus, das der eingangs zitierte Spruch nur ein Scherz war.

Tour 1

Geheimnisvolle Ruinen im Wald

Von Schevenhütte durch den Meroder Wald

Die Ruinen einer alten Klosteranlage, verborgen im Dickicht des alten Klosterhaines, locken den Wanderer. Die Phantasie muss helfen, denn viel ist von der alten Klosteranlage nicht erhalten. Schloss Merode hingegen ist frisch restauriert und heute noch bewohnt.

DIE WANDERUNG IN KÜRZE

Anspruch: +

Gehzeit: 3.45 Std.

Länge: 16 km

Charakter: Leichte Wanderung, meist auf guten Waldwegen

Markierung: Keine durchgehende

Wanderkarten: WK 1:25 000 Erholungsgebiet Rureifel im Deutsch-Belgischen Naturpark Hohes Venn – Eifel (WK 2 des Eifelvereins); WK 1:25 000 Aachen/Eschweiler/Stolberg (WK Nr. 1 des Eifelvereins)

Einkehrmöglichkeiten: In Schevenhütte, Merode und auf der Laufenburg

Anfahrt: Mit dem Auto: Autobahn Köln/Aachen bis Ausfahrt Weisweiler, ab da der Beschilderung Langerwehe folgen. In Langerwehe rechts Richtung Schevenhütte, dort geradeaus in den Ort hinein und an der Kirche links Richtung Düren/Gürzenich bis zu einer kleine Brücke rechter Hand, hier in die Straße Am Backofen abbiegen. Hier ist genügend Platz, das Auto abzustellen. **Mit der Bahn:** Bis Langerwehe, von dort ggf. mit dem Taxi bis Schevenhütte. **Mit dem Bus:** AVV-Buslinie 1 (Aachen–Bf. Schevenhütte).

Wir gehen über die Brücke in **Schevenhütte** 1 zurück zur Straße und biegen dort nach rechts ab. Nach 30 m biegen wir links in die Straße Am Wittberg ab und folgen der kaum merklichen Steigung leicht bergan. Nach einer Forstschranke schlängelt sich ein steiniger Pfad weiter bergauf. Ein junges Laubwäldchen spendet auch im Sommer ausreichend

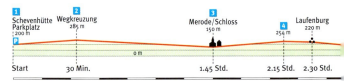

Eine Tafel am Bildstock erzählt die Gründungsgeschichte der alten Klosteranlage

Schatten. Bei der nächsten Wegkreuzung bleiben wir halblinks auf dem breiteren Waldfahrweg. Unter den Füßen haben wir die Reste einer alten Betondecke.

An der nächsten Gabelung, nur wenige hundert Meter weiter, halten wir uns weiter geradeaus. Der Weg verläuft nun fast ohne Steigung mal durch Nadel-, mal durch Mischwald. Es folgen zwei, drei Abzweigungen, wir gehen weiter geradeaus Richtung Schwarzenbroich.

Wenige hundert Meter weiter stehen wir dann an der ersten richtigen Wegkreuzung 2 (mit Forstschranke), hier biegen wir nach links ab. Markierungen sind nur undeutlich bzw.

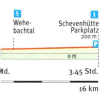

Tour 1

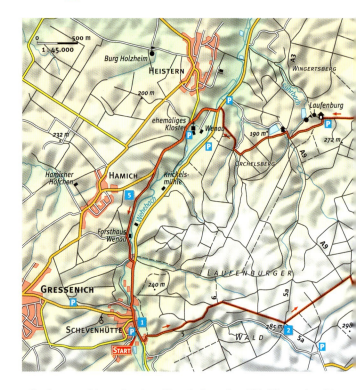

teilweise gar nicht vorhanden. Für etwa 500 m führt eine breite Schneise fast gerade durch den Wald. Kreuzende Wege ignorieren wir. Fichten wechseln sich mit Eichen und diversen anderen Baumarten ab, die parzellenartig angepflanzt sind. Schließlich passieren wir linker Hand ein kleines Birkenwäldchen. Fast mannshoch wuchert hier der Farn. Am Ende dieser kleinen Parzelle stehen wir an einem Wege-T, markiert durch eine alte Eiche. Wir biegen nach rechts ab, der Beschilderung Gürzenich/Schwarzenbroich folgend. Knapp 150 m weiter gabelt sich der Weg unterhalb einer alten, einzeln stehenden Eiche: Hier biegen wir links ab. Vor allem bei feuchtem Wetter ist der Weg von Pferdehufen aufgewühlt. Wir wandern hier schon an den Umfriedungsmauern des alten **Klosters Schwarzenbroich** entlang (1 Std.). Viel mehr als diese Mauern ist von dem Kloster auch nicht erhalten. Wer die Reste der Anlage besichtigen will, kann das Gelände über kleine Einstiegsstellen in der Umfriedungsmauer betreten. Vereinzelt stehen noch schmale Mauerreste, aber das ist auch alles, weshalb von der Denkmalpflege auch nichts unternommen wird, um sie zu erhalten. Durch den alten hainartigen Baumbestand hebt sich das Areal des Klosters allerdings gut von der Umgebung ab. Wer sich die Mühe macht und das Gelände durchstreift, wird früher oder später doch auf einige Mauern stoßen, die

Von Schevenhütte durch den Meroder Wald

noch eine Ahnung von der Größe der Anlage vermitteln können. Allerdings ist Vorsicht geboten, denn mancher Weg führt unversehens hinauf auf eine Mauer und man steht plötzlich mehrere Meter hoch über dem Waldboden. **Vorsicht:** auf dem Gelände befindet sich auch ein schlecht abgedecktes altes Brunnenloch.

Wir wandern in der ursprünglichen Richtung weiter, betreten wieder ein Wäldchen und treffen darin auf ein Denkmal, das die Gründungsgeschichte des Klosters wiedergibt. Fast hohlwegartigen Charakter hat der Weg, der für ein ganzes Stück zwischen Nadelwald und Laubmischwald verläuft und fast unmerklich bergab führt. Allmählich wird er etwas breiter und besser und führt schließlich durch eine junge Fichtenschonung, an deren Ende wir an einem Fünf-Wege-Stern stehen. Wir nehmen den Weg halblinks: nicht den, der in fast rechtem Winkel links abbiegt, sondern den nächsten, der in etwa auf gleicher Höhe bleibend weiterführt. An den beiden folgenden Wegkreuzungen gehen wir geradeaus, queren auch einen breiteren Wanderweg und folgen nun de Weg weiterhin schnurgerade durch den Wald. Infotafeln am rechten Wegrand klären über die heimischen Tier- und Pflanzenarten auf. Schließlich stehen wir vor einem Gittertor; dahinter zweigt rechts ein Weg ab, wir gehen aber weiter geradeaus. Bald darauf tritt der Wald auf beiden Seiten zurück, lediglich die Wegränder sind dicht gesäumt mit Büschen und Bäumen.

Schließlich erreichen wir die ersten Häuser des Örtchens **Merode.** Wir gehen geradeaus durch den Ort, ignorieren mehrere nach rechts abzweigende Straßen und passieren endlich den **Schlosspark** 3 von Merode (1.45 Std.). Das Schloss ist in der Regel nicht zugänglich, da es privat bewohnt ist. Am Ende des Schlossparks, beim letzten Haus der Straße, biegen wir in einen leicht ansteigenden Asphaltweg nach links ein.

Der Asphalt endet schon nach etwa 200 m am Tor eines Demeterhofes; eine Allee führt uns linker Hand an den Wiesen und am Hofgebäude vorbei. Durch ein Gatter betreten wir den Wald. Hier teilt sich der Weg in mehrere Äste auf: Wanderweg A5 führt halbrechts den Berg hinauf. Wir nehmen den halblinken Weg, einen schmalen Pfad, der auf einen kleinen Geländeeinschnitt zuläuft, vor diesem aber rechts steil den Berg hin-

Tour 1

aufführt. Zwischen alten Fichten laufen wir auf ein niedriges, jüngeres Wäldchen zu. Der Weg führt links daran vorbei und gabelt sich. Wir nehmen den rechten Abzweig. Der Baumbestand wechselt; von Nadelwald geht er jetzt in einen Buchenwald über. Dazwischen gibt es aber auch Kiefernareale, immer häufiger auch Birken. Der Wald wird lichter, und wo die Sonne die Chance hat, den Boden zu erreichen, wächst wieder dichter Farn. Es geht noch ein Stück weiter bergauf, aber allmählich wird der Weg flacher und dann ganz eben. Schließlich stößt unser Pfad auf einen Querweg, auf den wir nach links abbiegen. In einem weiten Rechtsbogen führt er zu einer Windbruchfläche. Hier, im fast offenen Gelände, treffen wir wieder auf eine Wegkreuzung (2.15 Std.).

An dieser Kreuzung biegen wir rechts ab, für ein paar Meter geht es noch leicht bergan, bis wir schließlich den höchsten Punkt dieses Teilstückes **4** überschritten haben. Hier passieren wir eine weitere Windbruchfläche; an deren Ende geht es wieder in Mischwald hinein. Der Weg senkt sich jetzt etwas deutlicher, an einem rot-weißen Markierungspfahl gabelt er sich. Wir laufen geradeaus auf dem Weg weiter. Wir treten aus dem Wald heraus und sehen vor uns die **Laufenburg** (2.30 Std.), die heute eine Gaststätte und einen Reiterhof beherbergt. Kurz vor der Burg gabelt sich der Weg, unser Wanderweg führt links weiter. Bei geöffnetem Restaurant bietet die Laufenburg allerdings eine willkommene Rastgelegenheit.

Der breite, steinige Fahrweg, der uns jetzt in weiten Kurven bergab führt, ist der Zufahrtsweg für die Laufenburg. Eine erste Abzweigung nach links in den Wald an einer Infotafel ignorieren wir und bleiben auf unserem breiten Fahrweg. 50 m weiter aber, an einer kleinen Schutzhütte und einer Forstschranke, biegen wir links ab. Rechter Hand, wenige Schritte im Wald, befindet sich ein künstlich aufgestauter Teich. Wir bleiben immer auf dem Hauptweg, folgen ihm für etwa einen guten halben Kilometer, bis er eine deutliche Rechtskurve macht und nehmen dann an der zweiten Kreuzung danach in der scharfen Linkskurve, etwa 200 m weiter, einen schmaleren, grasbewachsenen Waldweg nach rechts. Schon hört man den Verkehr einer Fahrstraße. Kurz vor der Straße Langerwehe–Schevenhütte führt links ein schmaler Hohlweg zur Straße hinab. Die letzten Meter legen wir in diesem Hohlweg zurück, überqueren die Straße, anschließend den Wehebach über die Straßenbrücke und folgen dann weiter dem Sträßchen nach Wenau.

Wir passieren die Einfahrt zu einem Reiterhof und müssen ab jetzt neben der Straße laufen. Etwa 30 m hinter dem Ortsschild von **Wenau** können wir links abbiegen, um die alte **Klosterkirche** und den Klosterinnenhof zu besichtigen (3 Std.). (Öffnungszeiten: nur 1. So des Monats 14–16 Uhr). Ein Besuch lohnt sich allemal. Die Klosterkirche sowie die darin enthaltene Kreuzigungsgruppe stammen noch aus der Zeit der Gründung (12. Jh.).

Nach Verlassen der Klosteranlage gehen wir zurück zur Fahrstraße und halten uns links. Wir verlassen Wenau auf einem schmalen Fußweg neben der Straße, der endet, sobald die Straße in den Wald eintritt. Knapp 200 m läuft man jetzt neben der Straße her, dann biegt links ein Weg ab, der durch eine Forstschranke versperrt ist. Er führt uns durch

Von Schevenhütte durch den Meroder Wald

Kurz vor der Stolzenburg tritt der Wanderweg aus dem Wald heraus

die schattigen Auen des **Wehebachtals** 5, vorbei am Forsthaus Wenau. Wenige Augenblicke später stößt unser Pfad auf eine schmale Fahrstraße, auf ihr biegen wir nach links ab. Die schattige Allee bringt uns in 5 Min. an den Ortseingang von **Schevenhütte.** Wir laufen rechts bis zur Kirche, biegen dahinter links in die Nideggener Straße ein und sind wieder an unserem **Ausgangspunkt** 1 (3.45 Std.).

Tour 2

Stiller Forst am Brandenburger Tor

Vom Brandenburger Tor zur Wehebachtalsperre

Keine Straße ist zu queren, ausschließlich durch den ausgedehnten Forst des Hürtgenwaldes geht es auf dieser Wanderung. Gut ausgebaute Wanderwege führen durch diese weite Waldlandschaft, die am Ende des Zweiten Weltkrieges die letzten großen Schlachten zwischen den Verbänden der Alliierten und der Wehrmacht gesehen hat.

DIE WANDERUNG IN KÜRZE

Anspruch: +

Gehzeit: 4.30 Std.

Länge: 17 km

Charakter: Leichte Wanderung auf stets gut ausgebauten Waldwegen

Wanderkarte: WK 1:25 000 Erholungsgebiet Rureifel im Deutsch-Belgischen Naturpark Hohes Venn – Eifel (WK 2 des Eifelvereins)

Einkehrmöglichkeit: In Hürtgen

Anfahrt: Mit dem **Auto:** Auf der A 4 Richtung Aachen bis zur Abfahrt Düren/Weisweiler, weiter Richtung Düren. Am Ortseingang Düren direkt rechts (Schild Bahnhof, Fernverkehr). Geradeaus am Bahnhof vorbei, über die nächste größere Kreuzung (links Richtung Monschau/Nideggen) bis zur Aachener Straße, hier rechts Richtung Aachen/Monschau. Im Ortsteil Rölsdorf Richtung Monschau/Nideggen nach links und auf der B 399 Richtung Gey und Hürtgenwald bis Hürtgen. 150 m nach dem Ortausgang rechts in das Sträßchen Brandenburger Tor, freie Durchfahrt bis zum Wanderparkplatz. Keine **Bahn**verbindung.

Wir beginnen unsere Tour am Wanderparkplatz 1 etwas außerhalb von **Hürtgen**, durchschreiten das Brandenburger Tor, um direkt dahinter nach rechts abzubiegen. Zunächst geht es in halbwegs offenem

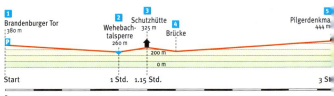

Vom Brandenburger Tor zur Wehebachtalsperre

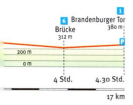

Gelände leicht bergab, rechter Hand kann man die Häuser von Hürtgen sowie am Horizont einige der mittlerweile so typischen Windkraftanlagen erkennen. Nach knapp 500 m schließt sich der Wald allmählich. Wir bleiben immer auf dem gut ausgebauten Forstwirtschaftsweg, der uns stetig leicht bergab und immer tiefer in den Wald hineinführt. Fichten und vereinzelte Buchen lösen Kiefern und Eichen ab.

Nach etwas mehr als 1 km tritt der Nadelwald vorübergehend zurück, um niedrigen Hecken und Bäumchen rechts und links am Weg Platz zu machen. Unter uns im Tal schimmert ab und zu der Hürtgenbach zu uns herauf. Immer weiter geht es bergab, bis wir uns schließlich hinter einer scharfen Linkskurve allmählich der Talsohle mit dem Hürtgenbach nähern. Am Talboden stoßen wir schließlich auf einige Wegabzweigungen. Hier direkt am Weg mündet der Hürtgenbach in den **Weißen Wehebach**, den wir auf einer Steinbrücke überqueren (30 Min.).

Wir gehen an der Wegkreuzung hinter der Brücke in etwa geradeaus weiter auf dem Weg, der nun leicht bergauf führt. Lang ist die Steigung nicht; schon nach etwas mehr als 200 m wird der Weg wieder ebener. Hier stößt von links ein Forstwirtschaftsweg auf unseren Wanderweg, wir bleiben weiterhin auf dem Weg geradeaus. Gleich darauf geht es schon wieder bergab. Dann und wann gibt die Vegetation am Wegrand Gesteinsaufschlüsse frei, hier ist zu erkennen, dass wir uns geologisch gesehen im Bereich einer Schieferformation bewegen.

Nach einer scharfen Rechtskurve steigt der Weg wieder für eine kurze Strecke an. Ein gutes Stück geht es jetzt recht eben weiter durch den Wald. Dort, wo der Wald zur Rechten etwas lichter ist, kann man die Wasserfläche der Wehebachtalsperre durch die Bäume heraufblitzen sehen. In einer scharfen Linkskurve zweigt ein Weg rechts ab. Eine roh gezimmerte Forstschranke versperrt hier die Zufahrt, denn hier beginnt die Wasserschutzzone der Wehebachtalsperre. Wir folgen dem rechts abbiegenden Weg hinunter zum Stausee.

Nach knapp 200 m stehen wir an einem Ausläufer der **Wehebachtalsperre 2** (1 Std.). Nur bei niedrigem Wasserstand ist hier eine Brücke zu sehen, die über den Bach führt. Auch ein Sträßchen, das direkt ins Wasser zu laufen scheint, ist bei normalem Wasserstand nicht zu sehen.

Wir kehren von dem kleinen Abstecher zurück auf den Hauptweg und wandern in der ursprünglichen Richtung weiter. Der Weg steigt jetzt stetig an. Etwa am höchsten Punkt des Weges erreichen wir eine **Schutzhütte 3** und einen Wegstern. Es geht noch ein Stück geradeaus, der Markierung auf einem Granitstein Richtung Ficht folgend. Nach 50 m biegen wir Richtung Zweifall nach rechts ab. Es geht wieder bergab. Am Anfang führt der Weg durch einen jüngeren Nadelwald, etwas später werden die Bäume dann älter und höher. In leichten Serpentinen schlängelt sich der Weg bergab, bis wir schließlich im Tal auf den **Roten Wehebach 4** stoßen, den wir auf dem Weg überschreiten. Auf der anderen Seite biegen wir links ab und folgen dem Weg, der, begleitet von üppig wucherndem Farn, parallel zum Roten Wehebach durchs Tal verläuft. An einer Stelle hat das rotbraune Wasser des Baches weitläufig den Waldboden überschwemmt, abgestorbene Bäume recken ihre kahlen, toten Äste in den Himmel. An anderen Stellen bilden gefällte Bäume kleine Stauwehre, auf denen sich neue Pflanzengesellschaften angesiedelt haben. Wir befinden uns hier im Wiederansiedlungsgebiet des Bibers (s. S. 14).

Schließlich führt der Weg leicht vom Bach weg. Wir gelangen an einen Holzlagerplatz mit einer Weg-

Vom Brandenburger Tor zur Wehebachtalsperre

verzweigung und wählen den linken Abzweig, der in der Nähe des Baches bleibt. 50 m weiter führt dieser Weg in einem Linksbogen über den Roten Wehebach hinüber. Wir folgen dem Bogen und kommen auf einen asphaltierten Weg, der bergan führt (2.30 Std.). Bald stehen wir wieder auf der Höhe. Hier befindet sich abermals eine **Schutzhütte** und eine Wegkreuzung, bei der wir rechts abbiegen.

Kurz hinter der Schutzhütte, am **Dr.-Manes-Stein,** wird der Weg nun wieder etwas flacher. Links ein kleiner Eichenwald, rechter Hand immer noch Nadelwald. Für 2 km geht es nun fast wieder schnurgerade und nur leicht ansteigend durch den Wald, bis wir schließlich auf eine etwas größere Wegkreuzung stoßen. Gegenüber befindet sich ein mannshohes Steinmonument, das so genannte **Pilgerdenkmal** 5 (3 Std.), an den Bäumen sind mehrere Wegzeichen angebracht. Hier folgen wir dem Wegweiser nach links Richtung Vossenack. Die Eichen, die jetzt den Wegrand säumen, werden allmählich mächtiger. Diese Eichen haben eine der letzten großen Schlachten des Zweiten Weltkrieges gesehen, hier lieferten sich die Verbände der Alliierten auf ihrem Vorstoß nach Deutschland eine der letzten großen Materialschlachten mit der deutschen Wehrmacht. Viele dieser Eichenstämme enthalten noch Granatsplitter, sodass ihr Holz in der Schreinerei oder im Sägewerk mit äußerster Vorsicht behandelt werden muss.

Wir wandern jetzt erneut ostwärts in Richtung Hürtgen. Wir passieren ein kleines Birkenwäldchen, an dessen Rändern der Farn wieder üppig wuchert. Etwa in der Mitte des Wäldchens zweigt linker Hand ein Weg ab, wir aber wandern weiter geradeaus. Unter unseren Füßen haben wir nun die Reste einer alten groben Betondecke. Bald schwingt sich der Weg in weit ausholenden Kurven zur Talsohle hinab, wo wir zum dritten Mal ein Bächlein überqueren. Wundern Sie sich nicht, wenn es ab und zu im Wald knackt oder ein hastiges Trappeln zu hören ist. In diesem großen geschlossenen Waldgebiet, das von keiner Straße unterbrochen wird, kann es gut sein, dass ein Hirsch oder ein Reh oder auch mal ein Wildschwein aufgestört wird und das Weite sucht.

Bei einer Wegkreuzung mit einer Schutzhütte, die über einen kleinen Holzsteg zu erreichen ist, biegen wir im spitzen Winkel nach links ab Richtung Talsperre und wandern ohne große Höhenunterschiede Richtung Norden, immer parallel zum Weißen Wehebach. Bei einer weiteren Weggabelung mitten im Wald mit ein paar einfachen Sitzbänken und einem Granitstein als Wegweiser wenden wir uns nach rechts und überqueren den **Weißen Wehebach** 6 (4 Std.).

Am anderen Ufer gehen wir geradeaus weiter, um den letzten Anstieg in Angriff zu nehmen. In leichten Windungen geht es mäßig bergan. Eine letzte **Schutzhütte** in einer engen Rechtskurve signalisiert uns, dass wir fast wieder am Ausgangspunkt unserer Wanderung sind. Nach ein paar letzten Kurven tritt der Weg aus dem Wald hinaus und wir sehen vor uns wieder das **Brandenburger Tor** 1 (4.30 Std.), das im Gegensatz zu seinem berühmten Namensvetter weiter nichts ist als ein schlichtes, roh gezimmertes Holztor, wie wir es an vielen anderen Wanderparkplätzen in der Eifel auch finden.

Tour

Wasser für Aachen

Von Zweifall zur Dreilägerbachtalsperre

Durch eines der größten zusammenhängenden Forstreviere der Eifel führt diese lange Wanderung. Neben viel Wald gibt es aber auch eine Talsperre und den ersten Ausläufer des Hohen Venns zu bewundern.

DIE WANDERUNG IN KÜRZE

Anspruch: ++

Gehzeit: 6 Std.

Länge: 24 km

Charakter: Ausgedehnte Wanderung auf meist gut ausgebauten Waldwirtschaftswegen; ein kurzes Stück fast weglos

Wanderkarten: TK 1:50 000 Aachen L5302/ WK 1:25 000 Monschauer Land/Rurseengebiet im Deutsch-Belgischen Nationalpark (WK 3 des Eifelvereins)

Ausrüstung: Festes Schuhwerk

Einkehrmöglichkeiten: Restaurant im Solbachtal sowie in Rott

Anfahrt: Mit dem **Auto:** A 4 Richtung Aachen bis Ausfahrt Eschweiler, weiter auf der B 258 über Eschweiler, Gressenich, Mausbach bis Zweifall. Kurz hinter Zweifall (Richtung Vossenack) rechts der Beschilderung zum Restaurant Solchbachtal folgen, dort Parkgelegenheit. Aus Richtung Aachen: Über Kornelimünster bis Zweifall. Mit **Bus und Bahn:** Bis Achen, weiter mit dem Bus Richtung Simmerath bis Roetgen. (Ausgangspunkt ist dann Roetgen.)

Am **Restaurant Solchbachtal** 1 beginnen wir unsere Wanderung. Wir gehen am Restaurant vorbei und in einer leichten Linkskurve, vorbei am **Waldspielplatz**, auf den Wald zu. Nach 100–150 m befindet sich rechts eine erste kleine Abzweigung zu einem Erzstollen. Sie führt ein Stück in den Wald zum Mundloch eines ehemaligen Schürfstollens, das durch ein Gitter verschlossen ist. Eine Schautafel mit Fotos klärt darüber auf, wie es im Berginnern aussieht.

Zurück auf unserem Wanderweg gehen wir weiter geradeaus. Etwa

Von Zweifall zur Dreilägerbachtalsperre

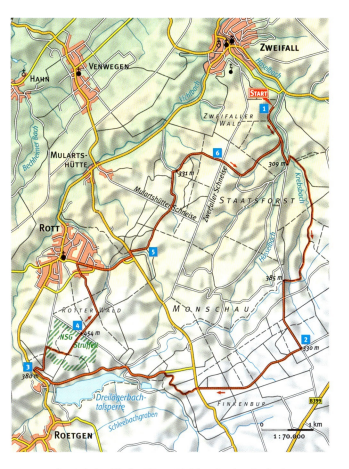

200 m weiter gabelt sich der Weg zum ersten Mal. Wir bleiben auf dem Weg links, der sich stets in der Nähe des Krebsbaches hält. Auch alle weiteren Abzweigungen ignorieren wir, bis wir schließlich auf einer kleinen Holzbrücke den Bach überqueren. Dessen Name weist darauf hin, dass früher tatsächlich einmal Flusskrebse in ihm lebten. Etwa 200 m nach der Brücke stoßen wir auf einen asphaltierten Querweg: Wir gehen

Tour 3

Ausläufer des Hohen Venns: das Naturschutzgebiet Struffelt

nach links. 50 m weiter – hier beginnt auch ein Waldlehrpfad – nehmen wir den nicht asphaltierten Weg, der nach rechts in den Wald abzweigt. Wir folgen dem durch Fahrspuren deutlich gekennzeichneten Weg, der zwischen Fichten- und Mischwald allmählich ansteigt (Abzweige nach links ignorieren wir). Immer wieder berührt er den Lauf des Krebsbaches, dessen Rotfärbung die Eisenhaltigkeit des Untergrundes verrät.

Einige Zeit später verbreitert sich unser Weg, wir befinden uns wohl auf einem ehemaligen Holzlagerplatz. Am Ende führt der Weg in ein niedrigeres Gehölz hinein. Forstfahrzeuge haben stellenweise tiefe Rinnen in den Weg gegraben. Bei feuchtem Wetter sammelt sich hier das Wasser und macht diese Wegstücke stellenweise unpassierbar. Man kann zum Teil auf Pfade linker Hand ausweichen, sollte aber den Weg dabei nicht aus den Augen verlieren. Dieser Weg wird nun deutlich schmaler und gewinnt an Höhe, bis wir fast die Kuppe erreicht haben. Wir wandern auf eine horizontal verlaufende Geländekante zu: Es ist ein künstlich angelegter Damm, der den Hasselbachgraben begrenzt. Dieser Graben sammelt alle Oberflächenwasser und leitet sie bis zur Dreilägerbachtalsperre, hilft also, die Trinkwasserversorgung der nahen Stadt Aachen zu sichern. Fürs Erste laufen wir auf dem kleinen **Damm** parallel zum Graben nach rechts (1 Std.).

Wir halten uns stets auf dem Damm, der anfänglich durch niedrigen Laubwald, später wieder durch lichten Fichtenwald läuft. Nach etwa einem halben Kilometer kreuzt der Dammweg eine asphaltierte Fahr-

straße im Wald. Wir biegen nach links, um die Höhe zu erklimmen. An einer Wegkreuzung gehen wir geradeaus weiter; ein Markierungspfeil auf einem Felsen weist uns Richtung Jägerhaus. Auf schotterigem Untergrund geht es, mäßig ansteigend, bergauf. Wegabzweigungen nach links und nach rechts ignorieren wir. Hinter einer sanften Linkskurve tritt der Wald rechter Hand zurück und macht einer Fichtenschonung Platz. Schnurgerade zieht unser Weg nun auf die Höhe. Dort, wo der Weg wieder in den Wald eintritt, treffen wir auf einen Querweg, dem wir nach rechts folgen (1.30 Std.) **2**. Hier haben wir den höchsten Punkt unserer Wanderung erreicht. Rechter Hand schweift der Blick nun weit zum Horizont, wo man bei klarem Wetter bis nach Stolberg und Aachen schauen kann.

Unbeeindruckt von allen Abzweigungen bleiben wir auf dem gut ausgebauten, leicht abwärts führenden

Von Zweifall zur Dreilägerbachtalsperre

Forstweg. Nach knapp 2 km ändert sich plötzlich die Zusammensetzung des Waldes zur Rechten: Zwischen Lärchen und Kiefern finden wir nun Ahorn, Birken, Erlen und vereinzelt sogar Wildkirsche und Wildapfel. Bald dringen die ersten Fahrgeräusche von der nahen **Landstraße Mulartshütte–Lammersdorf** an unser Ohr. Wir überqueren sie und treten auf der gegenüberliegenden Seite bei einer Schranke wieder in den Wald (2 Std.).

Auf weichem Waldboden geht es geradeaus. Nach etwa 300 m folgen wir rechts der Abzweigung, die an der Einzäunung einer Schonung vorbeiführt. In einer weit ausholenden S-Kurve folgt der Pfad den Geländekonturen. Schließlich stoßen wir wieder auf einen asphaltierten Fahrweg, der sich von der Fahrstraße Lammersdorf–Mulartshütte nach Roetgen hinunterschlängelt und am Wochenende bei Fahrradfahrern sehr beliebt ist. Auf ihm wandern wir nun mit mäßigem Gefälle nach links, der **Dreilägerbachtalsperre** entgegen. Nach knapp einem Kilometer erreichen wir eine Brücke mit einem **Pegelhäuschen.** Hier endet der Dammweg, auf dem wir zuvor ein Stück durch den Wald gelaufen sind. Wir bleiben aber auf unserem Asphaltsträßchen, das den Uferverlauf der Dreilägerbachtalsperre nachzeichnet. Näher kommen wir an die als Trinkwasserschutzzone hermetisch abgeriegelte Talsperre leider nicht heran. Wir nähern uns jetzt der Straße von Roetgen nach Rott, die am Fuße der Staumauer verläuft. 30 m bevor sich unser Sträßchen mit der Fahrstraße vereinigt, zweigt noch vor der Schranke **3** scharf rechts ein Waldweg den Hang hinauf ab. Diesem Weg folgen wir (3.30 Std.).

Dort, wo der Weg aus dem dichteren Laubwald hinaustritt, betreten wir ein kleines **Naturschutzgebiet** im Rotter Wald. Kurz darauf zweigt

Tour 3

rechts ein Weg ab. In diesen biegen wir ein. Birken und Farnkraut zeigen an, dass wir uns hier in den Ausläufern des Hohen Venns befinden. Der Untergrund ist feucht, weshalb der Weg über Bohlenstege geführt wird. Kurz nach einem moorigen Tümpel rechter Hand nehmen wir einen Quersteg nach links. Zur Rechten fällt der Blick auf die bewaldeten Höhen, die wir vor Stunden durchwandert haben. Der Untergrund wird wieder trocken, wir treten in ein lichtes Birkenwäldchen ein und haben bald die höchste Stelle des **Naturschutzgebietes Struffelt** 4 erreicht. Kurz darauf stoßen wir auf eine Wegkreuzung (4 Std.). Wir gehen, nun wieder auf Asphalt, im Fichtenwald fast schnurgerade weiter bergab.

Schließlich macht unser Weg an einer Kreuzung eine Biegung nach links. Wir erreichen bald darauf die ersten Häuser des Örtchens **Rott.** Wir laufen geradeaus weiter, über eine erste kleine Kreuzung hinweg, bis unser Sträßchen nach links in eine Fahrstraße einmündet. Linker Hand geht es ins Zentrum mit mehreren Gaststätten, wir aber wenden uns nach rechts. Am Ortsende folgen wir nicht den Wanderzeichen nach rechts, sondern folgen der Straße noch etwa 400 m weit bis zur nächsten Gabelung. Dort biegen wir rechts in den Forstweg ein, der leicht den Berg hinaufführt. Nach knapp 100 m passieren wir das **Forsthaus Rott,** ein Stück weiter stoßen wir auf die querende Straße Mulartshütte–Lammersdorf. Vorsicht: Mancher Motorradfahrer dreht hier auf der kurzen Gefällstrecke noch einmal voll auf, um sich Schwung für die Steigung am Gegenhang zu holen!

Wir laufen ein kurzes Stück neben der Straße nach links und folgen dem Forstweg nach rechts in den Wald. Es geht parallel zum Talboden 5, in dem ein kleines Bächlein plätschert. Wir ignorieren alle links und rechts abzweigenden Fahr- und Ziehwege und folgen stets dem mäßig ansteigenden Weg. Schließlich treffen wir mitten im Forst auf eine große **Wegkreuzung,** den Treffpunkt zweier Hauptwanderwege des Eifelvereins (5 Std.). Wir kreuzen hier den Wanderweg Aachen–Trier, auch Matthiasweg genannt, da er dem alten Verlauf des Pilgerweges zum Grab des Apostels Matthias in Trier folgt.

Wir gehen aber geradeaus, jetzt wieder leicht bergab in einen Rotbuchenwald. Ein geologischer Aufschluss mit Hinweisschild zeigt, dass wir uns auf einem Geolehrpfad befinden. Nach etwas mehr als einem halben Kilometer gabelt sich der Weg, wir nehmen die Abzweigung scharf nach rechts. Kurz davor spendet die **Großquelle** im Wald wohlschmeckendes Wasser. In einem weit ausholenden Rechtsbogen schwingt sich der Waldweg hinauf zu einem letzten Höhepunkt, der Kreuzung mit der **Zweifaller Schneise** 6, die sich kilometerlang schnurgerade durch den Forst zieht. Ab jetzt geht es nur noch bergab. Hier im Herzen eines der größten Einzelforstreviere der Eifel ist von Zivilisationslärm wenig zu hören.

Knapp 500 m nach der Kreuzung mit der Zweifaller Schneise gabelt sich unser Weg noch einmal. Wir halten uns links, weiter talwärts und treffen eine Viertelstunde später wieder auf unseren Hinweg am Rande des Krebsbaches. Wir biegen nach links auf die nun schon bekannte Strecke und erreichen nach einem weiteren Kilometer wieder unseren Ausgangspunkt am **Restaurant Solchbachtal** 1 (6 Std.).

Tour

Rund um das Tal der Vicht

Von Friesenrath zur Dreilägerbachtalsperre
Rund um Rott und durch die ausgedehnten Wälder des Monschauer Staatsforstes führt diese Wanderung. Viel Zeit also, die Natur zu genießen, denn nur selten dringt Zivilisationslärm in die Tiefen dieses Wandergebietes.

DIE WANDERUNG IN KÜRZE

Anspruch: ++

Gehzeit: 4 Std.

Länge: 18 km

Charakter: Ausgedehnte Wanderung auf meist gut ausgebauten Wanderwegen

Wanderkarte: WK 1:25 000 Monschauer Land/Rurseengebiet im Deutsch-Belgischen Nationalpark (WK 3 des Eifelvereins)

Einkehrmöglichkeit: In Rott

Anfahrt: Mit dem **Auto:** Am Autobahnkreuz Aachen auf die A 44 Richtung Eupen bis Abfahrt Brand, weiter auf der B 258 durch Kornelimünster und Wahlheim bis Friesenrath. Dort etwa 300 m hinter dem Ortsschild links steil bergab in den Friesenrather Weg bis zum Wanderparkplatz linker Hand kurz hinter einer Brücke. Mit der **Bahn:** Von Köln mit dem RegionalExpress bis Aachen-Rote Erde, von dort mit dem Bus Richtung Schmiede nach Friesenrath.

Von dem Parkplatz an der Indebrücke in **Friesenrath** folgen wir dem Wander- und Reitweg, der in den Münsterwald hineinführt. Wir passieren eine Forstschranke. Wenige Schritte dahinter öffnet sich rechts der Wald für ein kleines Wiesental. Der Weg steigt mäßig an, bis wir nach ca. 10 Min. auf einen asphaltierten Wirtschaftsweg stoßen, in den wir rechts einbiegen. Etwa 50 m weiter gelangen wir zu einer **Schutzhütte,** die am Rande einer freien Rodungsfläche steht. Wir laufen weiter geradeaus und erreichen nach 100 m die nur aus drei Häusern bestehende Siedlung **Kitzenhaus** 2.

Hinter dem zweiten Hof biegen wir links ab und wandern weiter, zunächst unmittelbar am Waldrand entlang, dann in den Wald hinein. Rechter Hand liegt ein kleines Feuchtbiotop, das vom Treusief gespeist wird. Wir wandern ein Stück weiter geradeaus. Bei einer Wegkreuzung mit verschiedenen Wegmarkierungen biegen wir rechts ab, ein kleines Kreuz an einem Baum und die Wegzeichen Winkel und schwarzes Dreieck weisen uns den Weg.

300–400 m lang führt der Weg nun in fast schnurgerader Schneise durch dunklen Fichtenhochwald. Beim ersten Querweg biegen wir links ab. Schließlich tritt der Weg aus dem Wald hinaus in offenes Wiesengelände. Am Rande des Waldes stoßen wir

Tour 4

Das Holz der Eifelwälder ist ein wichtiger Wirtschaftsfaktor für die Region

auf eine **Forstschranke.** Hier biegt, trotz der Wanderzeichen nicht einfach zu erkennen, ein schmaler, stellenweise vermooster Pfad rechts in den Wald ein. (Im Zweifelsfall hält man sich immer nahe zum Waldrand.) Feuchte Stellen kann man umgehen. Kurz bevor wir die Talsohle mit dem Vichtbach erreichen, stoßen wir auf einen etwas breiteren Waldpfad, auf dem wir nach links abbiegen. Hier, 15–20 m oberhalb der kleinen Bachaue, könnte es fast idyllisch sein, wären nicht die Fahrgeräusche der nahen Landstraße. Schnell tauchen am Waldrand die Häuser des Örtchens **Mulartshütte** auf.

Wir erreichen die Fahrstraße von Mulartshütte nach Venwegen, überqueren diese leicht schräg nach links und nehmen den breiten Waldpfad, der bergab wieder von der Straße wegführt. Die Wegzeichen des Eifelvereins und die Abzweigungen nach links und rechts ignorieren wir und gehen geradeaus. Wir passieren den Campingplatz sowie das Erholungsgelände der Aachener Stadtwerke mit einem kleinen Schwimmbad und wandern oberhalb des Vichtbaches durch den Wald. Schließlich erreichen wir einen großen **Wanderparkplatz** 3 (1.15 Std.). Wir überqueren ihn, halten uns dabei rechts, überqueren auf der Zufahrtsbrücke den Vichtbach und erreichen die Fahrstraße Mulartshütte–Zweifall. Unmittelbar gegenüber biegt ein schmaler, unscheinbarer Pfad in den Wald, dem wir folgen. Nach 200–300 m überqueren wir einen kleinen Bach und 50 m weiter auf einer kleinen Brücke ein weiteres Bächlein. Dann stehen wir auf einem asphaltierten Waldwirtschaftsweg, auf dem wir nach links abbiegen. Wir wandern nun im Tal des Vollerbaches mit mäßiger Steigung bergauf. Rechter Hand sehen wir bald den ersten von mehreren geologischen Aufschlüssen, in diesem Fall ist es die Nummer 13, leider ohne Informationstafel.

Für die weitere Strecke gilt: Immer in der Nähe des Vollerbaches bleiben! Wir passieren weitere Geostationen, nach der **Mulartshütter Schneise** trägt unser Weg die Markierung A2. Wir folgen dieser weiter, auch wenn sie nach einer auffälligen

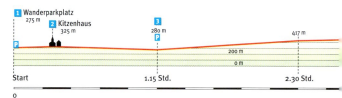

Von Friesenrath zur Dreilägerbachtalsperre

Rechtskurve nach links auf einen Waldweg abzweigt, der auch als Reitweg markiert ist. An einer Wegkreuzung unmittelbar vor einem kleinen Waldweiher heißt es aufpassen: Hier nicht in etwa gerader Linie weiterlaufen, sondern rechts halten. Nach einer Weile passieren wir ein **Gedenkkreuz** für einen 1930 hier verunglückten Mann aus Aachen. Fahrgeräusche verraten uns, dass wir uns wieder einer Fahrstraße nähern.

Fast ohne Höhenunterschied verläuft der Weg durch einen jungen Auenwald, vorherrschende Baumart scheint die Birke zu sein. Schließlich führt der Weg in einer Linkskurve etwas aus der Talaue heraus, rechter Hand wird ein Wanderparkplatz sichtbar. Wir stoßen auf einen asphaltierten Querweg und halten uns rechts.

20 m weiter, noch vor dem Parkplatz, geht es links bergauf. Der Weg steigt in offenem Nadelwald zunächst stetig an. Es geht immer geradeaus, bis wir mitten im Wald eine kleine steinerne Brücke erreichen, die über den Hasselbachgraben führt, einen

Tour 4

künstlich angelegten Graben, der das Wasser verschiedener Bäche aus dem Hürtgenwald sammelt und zur Dreilägerbachtalsperre führt. Wir biegen vor der Brücke nach rechts auf den schmalen Pfad, der auf dem Damm neben dem Graben verläuft, und folgen dessen Verlauf bis zur Landstraße Mulartshütte–Lammersdorf. Vorsicht bei der Überquerung! Gerade an Wochenenden herrscht hier ein reger Ausflugsverkehr, wobei sportbegeisterte Motorradfahrer gerne Kopf und Kragen riskieren.

Auf der anderen Straßenseite gewährt uns eine schmale Lücke zwischen den Leitplanken Durchlass, wir folgen weiter dem Damm neben dem Graben, der sich jetzt durch den Nadelwald schlängelt. Schließlich nähert sich von rechts ein Waldfahrsträßchen dem Damm. Dort, wo die beiden zusammentreffen, verlassen wir den Damm und erreichen einen ehemaligen Wanderparkplatz an einer Straße, die oberhalb der Dreilägerbachtalsperre verläuft und für den öffentlichen Verkehr gesperrt ist.

Da die Dreilägerbachtalsperre ein Trinkwasserreservoir und daher weiträumig abgesperrt ist, kann man kaum bis zum Ufer vordringen. Wir überqueren deshalb den Parkplatz bergabwärts und biegen an seinem Ende rechts in einen Forstweg ein, der leicht ansteigend in den Wald hineinführt. Nach etwa 100 m lichtet sich der Wald. Nach rechts zweigt der Rotensiefen-Weg ab, wir aber bleiben geradeaus auf dem Grenzweg, der am **Naturschutzgebiet Struffelt** 4 entlangführt, einem Hochmoor, das ein Ausläufer des Hohen Venns ist. An einigen wenigen Stellen kann es über Plankenwege betreten werden. Hier haben wir mit 453 m auch den höchsten Punkt der Wanderung erreicht (3 Std.).

Bald stoßen wir auf den rechts abzweigenden, asphaltierten Weg A2 (Markierung befindet sich nicht unmittelbar an der Abzweigung), in den wir rechts abbiegen. Wir folgen ihm durch eine Linkskurve, ohne uns um Abzweigungen zu kümmern, und halten nun in fast gerader Flucht auf **Rott** zu und gehen im Ort auf der Straße Zum Struffelt in Richtung der Durchgangsstraße. Wir erreichen sie bei einer Sitzgruppe, die von einer Kastanie und einer Eiche beschirmt wird, und gehen links, Richtung Ortskern. Etwa in Höhe der Kirche stoßen wir auf die Quirinusstraße, der wir nach links folgen.

Bald biegt rechts die Straße nach Aachen ab, die uns wieder mit leichtem Gefälle hinab ins Tal des Vichtbaches führt. Durch mehrere teils enge Kurven verlassen wir den Ort. Schließlich überqueren wir die Brücke über den **Vichtbach** 5 und passieren die kleine Siedlung **Rotterdell**. Es geht leicht bergan, bis wir das Ende der Wiese rechter Hand erreicht haben. Hier biegt rechts am Waldrand ein Wanderweg ab, dem wir folgen. Alle weiteren Abzweigungen nach links und rechts ignorieren wir, und bleiben auf dem durch die Kiesschüttung deutlich markierten Wanderweg. Es geht zunächst mäßig durch den Wald bergan. Wir gehen immer geradeaus, vorbei an der **Schutzhütte** an der **Sinziger Schneise** 6, bis wir schließlich bei einer Rodungsfläche wieder ins Freie treten: Wir haben wieder die **Siedlung Kitzenhaus** erreicht. Am Waldrand nehmen wir den Weg nach rechts, biegen 20 m später wieder nach links ab und stehen nun auf dem vom Hinweg schon bekannten Weg zum **Wanderparkplatz** 1 in **Friesenrath**, den wir in ca. 20 Minuten erreichen (4 Std.).

Tour 5

Felsen und eine mächtige Burg

Von Nideggen nach Abenden

Vom Sitz des einst mächtigen Grafengeschlechts umrundet man zunächst die mittelalterliche Burganlage. Immer wieder bieten frei stehende Felskanzeln atemberaubende Blicke hinunter aufs Rurtal. Ganz allmählich geht es dann hinab zum kleinen Örtchen Abenden, von dort durch das Rurtal zurück nach Nideggen.

DIE WANDERUNG IN KÜRZE

Anspruch: +

Gehzeit: 2 Std.

Länge: 8 km

Charakter: Etwas anstrengende Wanderung auf meist schmalen Waldpfaden, vielfältiges Auf und Ab, im Rurtal teilweise asphaltierte Wege

Wanderkarte: WK 1:12 500 Nideggen Rur-Eifel

Einkehrmöglichkeiten: In Nideggen und Abenden

Anfahrt: Mit dem **Auto:** Von Düren über Kreuzau nach Nideggen, am Ortsbeginn links Richtung Heimbach und nach 400 m rechts Richtung Zentrum; von Zülpich/Gemünd über Wollersheim und Berg. Im Zentrum an der Kirche/Friedhof parken. Mit der **Bahn:** Bundesbahnstrecke Köln–Aachen bis Düren, weiter mit der Dürener Kreisbahn (DKB) bis Nideggen-Brück. Zum Beginn der Wanderung sind es dann ca. 20 Min. Aufstieg nach Nideggen und am Ende dieselbe Zeit für den Abstieg, es sei denn, man schließt die Wanderung nicht mit dem Aufstieg nach Nideggen ab, sondern bleibt auf dem Weg im Rurtal, der einen nach Brück bringt.

Vor der Kirche in **Nideggen** 1 wenden wir uns nach links auf die Burg Nideggen zu. Wir überqueren den letzten Parkplatz vor dem Burginnenhof und biegen unmittelbar hinter der Begrenzungsmauer, beim Schild »Durchfahrt verboten«, auf den Pfad nach rechts ab. Bei einer große Linde (mit dem Schild »Naturschutzgebiet«) beginnt links der Weg 3 des Eifelvereins, der, in etwa auf gleicher Höhe bleibend, durch einen scheinbar verwunschenen Urwald um den Fuß der Burganlage herumführt. Schon bald ist rechter Hand ein freier Aussichtspunkt (mit Geländer) erreicht, von dem wir den Blick über das Rurtal schweifen lassen können. Nur wenige Minuten später liegt rechter Hand eine weitere Aussichtskanzel, davor ein einzelner Fels, auf dem der DAV (ja, hier oben gibt es eine Sektion des Alpenvereins) ein Kreuz aufgestellt hat.

Ein lichter Eichen- und Buchenwald begleitet uns nun. Bald sehen

Tour 5

wir rechts im Hang eine weitere **Felskanzel** (diesmal ohne Geländer), die aber nur Schwindelfreie besuchen sollten: Über einen ausgewaschenen Pfad, zeitweise auch über umgestürzte Bäume steigt man ein paar Schritte ab, dann über Wurzelwerk wieder auf. Ein Stück Mauerwerk linker Hand zeigt, dass wir uns immer noch im Bereich der alten Burganlage befinden. Vorsicht! Die ungesicherte Felskanzel bricht nach allen Seiten steil ab.

Nach dem luftigen Abenteuer geht es zurück zum Wanderweg. Bei der Sitzbank am Weg oberhalb der Felskanzel gabelt sich unsere Route, wir folgen der weißen 3 nach rechts. Es geht nun, teils in Serpentinen, teils gut befestigt, abwärts. Am Ende des letzten Treppchens stoßen wir auf einen Querweg, dem wir nach links folgen. Hier haben wir einen ersten Tiefpunkt unserer Wanderung erreicht, nun heißt es wieder aufsteigen: Der Weg führt, nun etwas breiter, relativ steil bergan. Wir bleiben weiter auf diesem Weg, der nun die Nummern 3/4 trägt, vorbei an einigen Sitzbänken zur Linken, folgen dem Weg durch eine Rechtskurve, an deren Ende mehrere Wege zusammenlaufen. Wir laufen in etwa gerader Richtung weiter.

Hinter einer Linkskurve mit Infotafel gabelt sich der Weg wiederum. Wir wählen den rechten, leicht nach unten führenden Zweig. Ein breiter, teilweise ausgewaschener Weg umrundet eine Felskanzel, von der sich ein freier Blick auf die gegenüberliegende Burg, die Kletterfelsen und das Rurtal eröffnet. Im Fels sind überall Kletterhaken zu entdecken.

Auf leicht ansteigendem Weg geht es nun um weitere Kletterfelsen herum, jetzt wieder der Nummer 2 folgend. Erst an einer Weggabelung, am Fuß des letzten Kletterfelsens, biegt Weg 2 links ab den Berg hinauf; hier verlassen wir die markierte Route und gehen leicht rechts bergab, auf einen Pfad, der nach ca. 30 m auf einen Querweg trifft, der aus dem Tal kommend leidlich steil ansteigt. Auf diesen biegen wir links ab, um nach wenigen hundert Metern an der Landstraße von Nideggen nach Abenden zu stehen.

Hier wenden wir uns nach rechts, folgen ein kurzes Stück dem Verlauf der Straße, um bei dem nächsten abzweigenden Sträßchen (Im Kühlenbusch), den Wegzeichen 1, 3 und 10 folgend, rechts einzubiegen.

Dieses führt, nur am Anfang leicht ansteigend, in den Wald hinein, vorbei an mehreren Wochenendhäusern 2. Auf Höhe des letzten Hauses links (hier beginnt eine Privatstraße) gehen wir rechts vorbei am Haus Ostara. Gleich darauf geht der Weg in einen schmalen Pfad über, der uns in den Wald hineinführt. Gleich zu Beginn zweigt rechts bergab Weg 10 ab, und ein Stück weiter gabelt sich unser Pfad erneut, diesmal halten wir uns rechts (Weg Nr. 1, später auch 2). Wir passieren einige Felskanzeln, die aber wegen

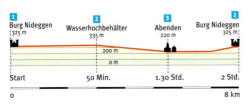

Von Nideggen nach Abenden

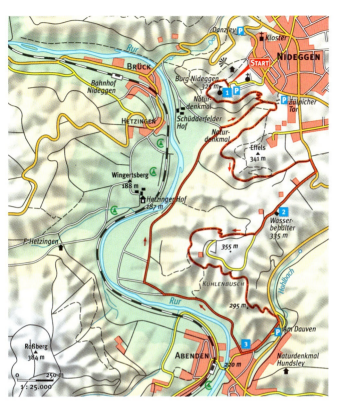

der hohen Bäume keinen freien Blick gewähren. Wir folgen immer den Wegnummern 1 und 2, die sich erst zwischen zwei Felskuppen trennen. Hier folgen wir dem Weg 1 zwischen zwei Felsen bergauf, immer in der Nähe eines Grundstückzaunes und stets weiter am Fuße der Felskanzeln bleibend. Wenn Weg 1 dann plötzlich scharf nach links abbiegt, folgen wir aber dem Weg geradeaus, der uns in einen jungen Eichenwald führt. Hier bleibt er zunächst mehr oder weniger auf gleicher Höhe. Kurze Passagen an steilen Hangabschnitten sind durch Holzstufen gesichert. Zwischen den Eichen finden sich vereinzelt Kiefern und im Sommer, am Wegrand, Blaubeeren. Nachdem sich der Weg leicht gesenkt hat, stoßen wir auf einen Querweg, in den wir rechts einbiegen. Er führt uns geradeaus über eine Kuppe. Im Abstieg schimmert zwischen den jungen Eichen der Ort Abenden durch, im Vordergrund leuchtend blau das örtliche Freibad.

Nachdem wir den Sporn fast umrundet haben, senkt sich unser Pfad nach links schließlich in Serpentinen den Hang hinab. An Steilstücken ist er durch ein Metallgeländer gesichert. Bald wird das Grün entlang des Weges üppiger und wir erreichen die Straße nach Nideggen. Hier Vorsicht: Vom steilen Pfad kommend

Tour 5

Einst eine mächtige Burg und auch heute noch beeindruckend: Burg Nideggen

steht man sofort auf der Straße, da es hier keinen Bürgersteig gibt, und auch der Straßenverlauf ist etwas unübersichtlich. Indem wir uns hier rechts halten, erreichen wir nach wenigen Schritten den Ort **Abenden** 3 (1.30 Std.).

An der ersten Abzweigung (Palanter Straße) gehen wir nach rechts, passieren vier, fünf nett zurechtgemachte Fachwerkhäuser und stehen dann gleich wieder an einer Gabelung. Wir halten uns abermals rechts. Die Häuser, an denen wir jetzt vorbeikommen, sind meist Neubauten und zeugen von ganz unterschiedlichen Geschmäckern. Wir laufen auf einem Asphaltsträßchen parallel zur Rur. Bald haben wir die Neubauten hinter uns gelassen, rechter Hand immer der Berg, linker Hand die Rurauen. Nachdem wir ein einzelstehendes Fachwerkhaus passiert haben, erreichen wir eine Wegverzweigung. Wir halten uns rechts, leicht bergauf.

Wenig später, am Beginn einer Wiese, zweigt links ein Weg ab, wir

gehen jetzt durchs offene Wiesengelände geradeaus. Bald tritt das Asphaltsträßchen wieder in den Wald ein. Zwei nach rechts abzweigende Waldwege wollen uns den Berg hinauf lotsen. Aber noch ignorieren wir diese Einladung. Unser Sträßchen macht schließlich eine weit ausholende Linkskurve. Hier zweigt nun endlich der Weg ab, dem wir bergauf folgen. Nach ca. 200 Metern führt der Weg zwischen zwei Felskanzeln hindurch, wobei die Steine der linken **(Kanzelley)** so geschichtet sind, das sie eine natürliche Höhle bilden. Es geht noch ein kurzes Stück weiter bis zu einer Gabelung des Pfades. Wir halten uns links, folgen den Stufen bergauf und stehen nach ca. 30 Metern an einem Querweg, den wir schon vom Beginn der Wanderung kennen. Wir gehen kurz nach links und biegen dann rechts ab auf den Pfad, an dem wir auf dem Hinweg heruntergekommen sind. Auf bekanntem Weg geht es in etwa 10 Minuten zurück zum Parkplatz an der Kirche in Nideggen **1** (2 Std.).

Tour 6

Wo einst der Kaiser ruhte

Kleine Vennwanderung bei Mützenich

Nur wenige Schritte hinter der deutsch-belgischen Grenze bei Mützenich beginnt das Venn, eine einmalige Moorlandschaft mit ganz eigenem Charakter, die man schnell lieben lernt. Ein Stein soll Kaiser Karl nach einer ausgiebigen Jagd als Ruhebett gedient haben.

DIE WANDERUNG IN KÜRZE

Anspruch: +

Gehzeit: 3 Std.

Länge: 13 km

Charakter: Einfache Wanderung, teils auf asphaltierten Wegen, teils auf Pfaden durchs Moor

Wanderkarte: WK 1:25 000 Hautes Fagnes/Hohes Venn/Hoge Venen (Hrsg. ING, Brüssel)

Einkehrmöglichkeit: Keine

Anfahrt: Mit dem **Auto:** Über Monschau, Mützenich Richtung Eupen. Kurz hinter der belgischen Grenze links auf den Parkplatz zum Parkplatzgrenzweg. Keine **Bahn**verbindung

Zugang: Das Hohe Venn ist in Schutzzonen unterteilt, für die unterschiedliche Zugangsbeschränkungen gelten. Teile des Venns sind ganz für den Besucherverkehr gesperrt.

An der Einfahrt zum **Parkplatz** 1 überqueren wir die Straße zu einem Wanderpfad, der in den Wald hineinführt. Über Holzstege wandern wir durch lichten Erlen- und Birkenwald mit knorrigem Wurzelwerk. Bald tauchen die ersten moorigen Stellen neben dem Steg auf. Nach gut 10 Minuten erreichen wir rechter Hand eine Abzweigung. Wir folgen den Schildern zu »Kaiser Karls Bettstatt« und nach Mützenich (rechts).

Allmählich öffnet sich die Landschaft. Schließlich treffen wir bei einer kleinen Schranke auf einen Wiesendamm, auf dem wir rechts weitergehen. Gleich darauf an der Bank folgen wir nicht dem Hinweisschild »Kaiser Karls Bettstatt«. Der Damm wird gegen Ende enger und führt schließlich auf einen Steg, auf dem es in ein Wäldchen geht. Rechter Hand öffnet sich der Blick zu den Häusern von Mützenich. In einen

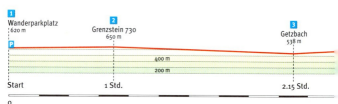

Kleine Vennwanderung bei Mützenich

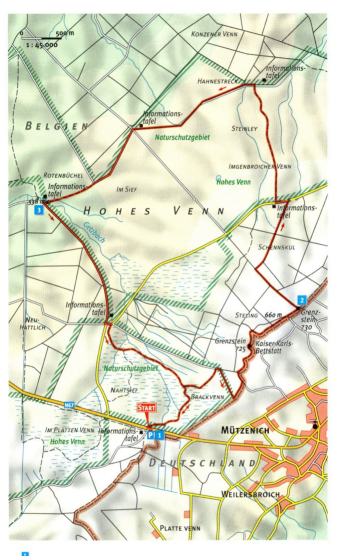

geschotterten Querweg biegen wir links ein, in ein asphaltiertes Sträßchen wiederum links. Schließlich erreichen wir bei einer Schutzhütte das **Naturdenkmal Kaiser Karls Bettstatt** (30 Min.). Ein respektabler Felsblock, den man mit ein we-

nig Phantasie als Liege ansehen kann, stellt jene Bettstatt dar, auf der sich Kaiser Karl nach einer Jagd zur nächtlichen Ruhe gebettet haben soll.

Zurück an der Hütte halten wir uns links und folgen weiterhin dem geschotterten Weg vorbei an Weideflächen. Gleich darauf biegt der Fahrweg nach rechts. An dieser Stelle führt ein Pfad nach links, dem wir folgen (rot-weiße Markierung). Er bleibt am Rand des Waldes und folgt dabei gleichzeitig dem Verlauf der deusch-belgischen Grenze – mehrere Grenzsteine verdeutlichen dies. Bei einer Sitzbank mit einem kleinen Gedenkkreuz geht der Weg in Asphalt über. Hier biegen wir nach links ab. Nach etwa 200 m biegen wir an einer Wegkreuzung erneut links ab. Hier finden wir ein Hinweisschild »Königreich Belgien/Staatswald Oberweser« sowie den **Grenzstein 730** [2] (1 Std.). Am Rand einer breiten Schneise geht es leicht bergab. Wir passieren linker Hand eine erste Wegabzweigung. Wir ignorieren diese, bleiben noch etwa 200 m auf dem talwärts führenden Weg.

Hier biegt nun rechts ein Weg in den Nadelhochwald. Diesem folgen wir für ein paar hundert Meter, laufen über eine Kreuzug geradeaus auch wenn das darauf folgende Wegstück deutlich zugewachsener ist. Wir erreichen schließlich eine Holzbarriere und stoßen dahinter auf einen asphaltierten Weg, Auf diesen biegen wir nach links ein, bis wir nach ca. 30 m. rechter Hand eine größere Infotafel sehen.

Hier biegen wir rechts auf den Pfad, der uns schnurgerade durch das **Steinley-Venn** führt, das hier im

Kleine Vennwanderung bei Mützenich

Reste eines alten Handelsweges führen uns durch das Steinley-Venn

Unser Damm führt durch ein geschlossenes Buscharreal und steigt langsam vom Waldrand hin an. Unmittelbar davor queren wir ein asphaltiertes Fahrsträßchen, das die Schutzzone durchschneidet. Wäldchen wechseln sich mit Grasflächen ab, nach einer Kuppe geht es sanft bergab. Schließlich wird der Untergrund feuchter, Holzstege führen über das wasserreiche Gebiet des **Rotenbüchels.** Schließlich begleitet uns sogar ein Bächlein mit dunkelbraunem, torfhaltigem Wasser. Es mündet schließlich in den **Getzbach** 3 (2.15 Std.), den wir auf einer Holzbrücke überschreiten. Am anderen Ufer treffen wir auf einen asphaltierten Wirtschaftsweg, in den wir nach links einbiegen.

ersten Stück noch Imgenbroicher Venn heißt. Dieser Teil des Hochmoores ist landschaftlich offener und nicht so zugewuchert, immer wieder öffnet sich der Blick auf größere Grasflächen.

Der Weg, teilweise auf Stegen, verläuft ohne Abzweigungen auf der Trasse eines alten Handelsweges, der sogenannten Kupferstraße, auf der in früheren Jahrhunderten Kupfer- und Messingwaren aus dem Stolberger Raum ins Maasland transportiert wurden.

Allmählich wird die Vegetation wieder dichter. Torfmoose, die feuchten Untergrund signalisieren, wachsen neben den Holzplanken. Wir durchqueren ein Birkenwäldchen und biegen links auf einen Wiesendamm ab, der die Schutzzone begrenzt. Mehr als die Hälfte unseres Weges liegt nun hinter uns.

Wir wandern auf diesem Weg etwa 20 Min. durch Wald- und Wiesenareale. Bei der zweiten Wegkreuzung folgen wir dem Wegweiser Richtung Konzen nach links. Wir passieren einen kleinen Weiher, biegen nach 30 m rechts ab und unmittelbar neben der Infotafel gleich wieder rechts ins **Brack-Venn.** Über Stege geht es jetzt wieder ins Venn hinein. Bei einer Gabelung folgen wir dem Wegweiser »Parking Grenzweg« nach links. Hecken und Büsche treten näher an unseren Pfad heran, das Gelände wird trockener, rechts und links liegen üppige Moospolster. Schließlich stehen wir wieder an der Wegkreuzung, an der wir nach Mützenich und zu Kaiser Karls Bettstatt abgebogen sind. Hier geht es nun geradeaus auf dem bekannten Weg, der uns in knapp 10 Min. wieder zum **Parkplatz Grenzweg** 1 führt (3 Std.).

Tour

Wasser für Eupen

Rund um die Wesertalsperre

Die Wesertalsperre wurde als Trinkwasserreservoir für die Stadt Eupen gebaut. Beliebt ist sie aber auch als Ausflugsziel für allerlei Freizeitaktivitäten. Hat man den Bereich des Seeufers erst einmal verlassen, findet man sich schnell in ruhigen Wald- und Moorgebieten wieder, die diese Wanderung so abwechslungsreich machen.

DIE WANDERUNG IN KÜRZE

Anspruch: ++

Gehzeit: 5 Std.

Länge: 19 km

Charakter: Ausgedehnte Tour auf meist guten Wegen; ein Teilstück am Seeufer holprig und beschwerlich, hier ist festes Schuhwerk und Trittsicherheit auf jeden Fall angebracht

Wanderkarte: WK 1:25 000 Haute Fagnes/Hohes Venn/Hoge Venen

Einkehrmöglichkeit: Nur am Ausgangspunkt

Anfahrt: Eupen ist mit **Bus** und **Bahn** gut zu erreichen; von dort bis zur Sperrmauer am besten mit dem Taxi (ca. 6 km). Mit dem **Auto:** Autobahn bis Eupen; dort Richtung Monschau, beim Kreisverkehr am Stadtrand von Eupen den Hinweisen »Wesertalsperre« folgen. Kostenloser Parkplatz (ausgeschildert) jenseits der Staumauer.

Ausgangspunkt unserer Tour ist der **Parkplatz** 1 an der Wesertalsperre/Lac de Eupen. Wir gehen am Aussichtsturm vorbei zur **Staumauer** und biegen kurz davor links auf ein geteertes Fahrsträßchen ab. Diesem Sträßchen folgen wir ca. 1,5 km und schwenken dann (beim Schild »Trinkwasservorrat«) in einen schmalen Weg ein, der nach rechts zum Seeufer hinabführt. Nach 30 m biegen wir im spitzen Winkel wieder nach links ab und folgen dem schmalen Pfad immer in Ufernähe.

Nach einer guten halben Stunde erreichen wir die Stelle, an der der Stausee zwei Seitenarme bildet. Hier gabelt sich auch unser Weg, wir nehmen die rechte Abzweigung und bleiben nach wie vor in Ufernähe. Am Ende des Seitenarms gehen wir ein kurzes Stück weiter, passieren ein **Gedenkkreuz** und treffen schließlich auf einen etwas breiteren Pfad. Hier

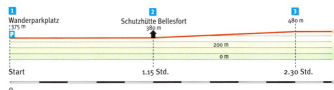

Rund um die Wesertalsperre

Eines der vielen kleinen Bächlein, die das Hohe Venn entwässern

biegen wir nach rechts ab und 50 m weiter erneut rechts auf einen etwas undeutlichen Pfad, der direkt hinunter zu dem Bachlauf führt, der den Seitenarm der Wesertalsperre speist. An einer geeigneten Stelle überqueren wir den Bach, der im Sommer in der Regel wenig Wasser führt.

Am jenseitigen Ufer steigen wir in etwa gerader Flucht den mit Nadelhochwald bestandenen Hang empor. Dort stoßen wir bald auf die alten Pfähle eines ehemaligen Wildschutzzaun. Hier zeigen sich die spärlichen Spuren eines alten Weges. Wir biegen nach rechts ab und bleiben auf dem Weg, solange er erkennbar ist. Danach wechselt man am besten auf den etwa 10 m tiefer verlaufenden Pfad, der zur Beuge zwischen den beiden Seitenarmen des Sees führt. Wir wandern weiter am Seeufer entlang, wobei der Weg durch gefällte Bäume des öfteren verstellt ist, sodass man gezwungen ist, kleine Umgehungen zu nehmen. Allmählich kommt das Ende des Seitenarmes in Sicht. Das schmale Seeufer verbreitert sich zur feuchten Wiese, und bei einer knorrigen Eiche haben wir schließlich das Ende des Seitenarmes erreicht (1 Std.).

Nachdem wir die Uferwiese hinter uns gelassen haben, wird der Pfad breiter und verläuft durch Nadelhochwald parallel zur Weser – dem namengebenden Zufluss der Wesertalsperre. Nach etwas mehr als 5 Min. zweigt rechts ein kleiner Pfad über ein Vorwehr ab. Über den Metallsteg überqueren wir die Weser.

Am anderen Ufer biegen wir nicht nach links ab, sondern folgen den

Tour 7

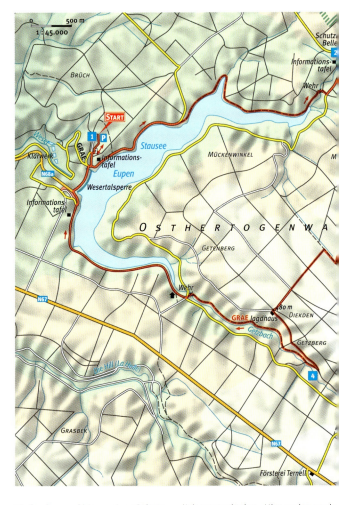

Stufen bergauf bis zu einer **Schutzhütte und gehen dort links**. Etwa 5 Minuten später erreichen wir auf dem Asphaltweg die **Schutzhütte Bellesfort** (1.15 Std.). Hier wählen wir den Waldwirtschaftsweg, der nach rechts den Berg hinaufführt. Wir wandern durch Buchen- und Nadelwaldbestände und passieren das **Gedenkkreuz** für einen Bernhard Heine, der 1947 an dieser Stelle tödlich verunglückte. Hier endet auch die Steigungsstrecke.

Etwa 5 Minuten später kommen wir an eine kleine Stahlbrücke über den Eschbach. Wir überqueren ihn nicht, sondern biegen unmittelbar vor dem Bach rechts ab und folgen dem grün-weiß markierten Pfad, der parallel zum Eschbach leicht ansteigend in den Wald hineinführt. Wir queren zwei kleinere Zuflüsse des

Rund um die Wesertalsperre

Eschbachs. Sobald der niedrige Nadelwald rechter Hand aufhört, biegen wir rechts ab. Wir müssen über einen schmalen Wasserlauf hinüber auf einen Weg, der am Rande des Wäldchens zunächst auf einen Eichenwald zu führt, dann durch diesen hindurch. Wir halten uns immer geradeaus.

Etwa 50 m nachdem wir den höchsten Punkt **3** dieses Weges überschritten haben, treffen wir auf einen gut befestigten Querweg, auf den wir scharf nach links abbiegen. Wieder geht es schnurgerade durch den Nadelwald bis zu einem Wege-T, an dem wir uns rechts halten, bei der folgenden Abzweigung nehmen wir links einen holprigen Wiesendamm. Weiter geht es geradeaus, an einem Hochsitz vorbei. Der Weg ist nun asphaltiert, passiert eine kleine Kuppe und trifft wieder auf eine Kreuzung. Hier können wir auf den grasbewachsenen Weg **Richtung Ternell** wechseln (3 Std.).

Durch hochstämmigen Buchenwald geht es auf weichem Waldboden immer weiter bergab, bis wir schließlich am Talboden auf einen mit roter Erde befestigten Querweg treffen. Hier biegen wir nach rechts ab und bleiben im Folgenden immer am diesseitigen Ufer des Getzbachs **4**. Der Weg wird allmählich schmaler und verläuft meist ein Stück über dem Bach am steilen Hang – an einigen Stellen ist daher Vorsicht geboten, vor allem mit Kindern.

Schließlich mündet unser Pfad in einen breiteren Fahrweg, der den Getzbach durch eine Furt quert und zu einem Wehr führt. Wir überqueren es auf einer Metallbrücke und nehmen dahinter den asphaltierten Querweg nach rechts. Er führt uns zu einem weiteren Seitenarm des Stausees. Auf der schmalen Asphaltstraße, auf der vor allem am Wochenende viele Radfahrer verkehren, geht es nun fast ohne Höhenunterschiede am Seeufer entlang wieder zurück zu unserem Ausgangspunkt. Freilich zieht sich der Weg, der den weiten Bogen des Sees nachzeichnet, noch ziemlich hin. Ist aber erst einmal die **Staumauer** erreicht, muss man nur noch das kleine Stück hinauf zur **Gaststätte** und zum dahinter liegenden **Parkplatz 1** zurücklegen (5 Std.).

Tour 8

Abenteuer am Rande des Venns

Vom Naturschutzzentrum zum Wasserfall des Bayehon-Baches

Auch am Rande des Venns gibt es wunderschöne Strecken, die teilweise wie verzaubert wirken. Abenteuerlich wird diese Tour am Schluss durch den Aufstieg durch das schmale Tal des Ghasterbaches.

DIE WANDERUNG IN KÜRZE

Anspruch: ++

Gehzeit: 3 Std.

Länge: 8 km

Charakter: Schönes kleines Abenteuer; anfangs über Forststraßen, später aber über rutschige, holprige und anstrengende schmale Pfade. Gutes Schuhwerk und Trittsicherheit erforderlich

Markierung: Keine durchgehende

Wanderkarte: WK 1:25 000 Hautes Fagnes/Hohes Venn/Hoge Venen

Einkehrmöglichkeit: Nur im Naturschutzzentrum am Ausgangspunkt

Anfahrt: Mit dem **Auto** über Eupen und Baraque Michel Richtung Botrange und Naturschutzzentrum. Keine **Bahn-** oder **Bus**verbindungen.

Hinweise: Das ständige Überqueren des Baches am Schluss der Tour über teilweise rutschige Baumstämme und Balken sollte gut überlegt werden. Wer unsicher ist, wird aber immer Stellen finden, wo er trockenen Fußes über das schmale Bächlein wechseln kann.

Vom **Naturschutzzentrum** 1 folgen wir dem breiten und gut ausgebauten Weg, der am Parkplatz vorbeiführt, immer geradeaus in den großen Fichtenwald. Nach etwas mehr als 1 km tritt der Wald rechter Hand zurück und macht Platz für das kleine **Naturschutzreservat Neur Lowé** mit niedrigen Hecken, Buschwerk und vereinzelten Nadelbäumen. Auch auf der linken Seite erstreckt sich bald die offene Venn-Landschaft.

Unmittelbar vor der Straße klärt eine Infotafel über die Gefahren im Venn auf. Hier biegt nach links, parallel zur Straße, ein schmaler Pfad Richtung Vallé de Bayehon mit der Markierung M6 ab, dem wir folgen.

Vom Naturschutzzentrum zum Wasserfall des Bayehon-Baches

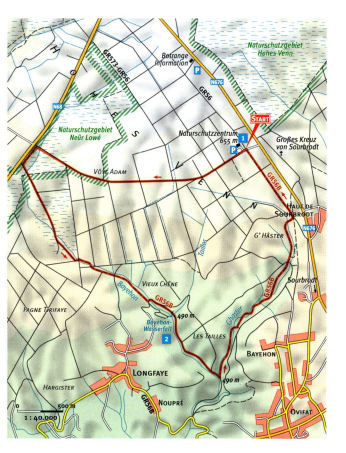

Er mündet auf einen gekiesten Querweg (Forstschranke), in den wir nach links einbiegen. Er führt uns geradeaus in den Fichtenwald. Wir passieren einen Hochsitz, eine Lichtung mit einem weiteren Hochsitz und erreichen nach einer Dreiviertelstunde eine kleine Schneise. (Rechter Hand befindet sich ein Futterplatz im Wald.) Hier weist uns die Markierung M6 nach links auf einem undeutlichen Pfad in den Wald hinein.

Auf dem weichen, mit Wurzeln durchsetzten Boden wandern wir jetzt am Lauf eines kleines Baches entlang immer tiefer in den Wald hinein. Morastige Stellen machen immer wieder deutlich, dass dieser Fichtenwald auf ehemaligem Moorboden gepflanzt wurde. An ganz besonders feuchten Stellen wurden Äste ausgelegt, damit man nicht allzu tief einsinkt. Grundsätzlich ist es möglich, dem Bach an beiden Ufern zu folgen. Wir müssen nur darauf achten, immer möglichst nahe am Ufer zu bleiben. Schließlich erreichen wir eine Stelle, an der der Bach scharf nach rechts abknickt. Von links mündet ein schmaleres Rinn-

Tour 8

sal in ihn ein. Ein Steg führt ans andere Ufer hinüber, wo wir uns im Gewirr der Pfade weiterhin möglichst nah am Bach halten. Das gilt auch, nachdem wir ihn über eine Betonbrücke sowie einen Waldweg überquert haben.

Der Weg wird steinig, wir kommen in ein niedriges Mischwäldchen, das direkt an eine Vennwiese grenzt. Wir passieren eine alte, knorrige Eiche – die **Vieux Chêne,** ein Naturdenkmal –, überschreiten einen Querweg, wandern durch einen wahren Wald aus Farnkraut. Weiterhin gilt, dass wir stets in Ufernähe bleiben. Der Bach gräbt sein Bett immer tiefer. Mitten im Farndickicht gabelt sich unser Pfad. Wir halten uns rechts, der Weg führt etwas vom Bach weg, verläuft über eine kleine Kuppe.

Schließlich stoßen wir auf einen Querweg. Wir folgen dem **Wegweiser** zum Vallée du Bayehon und den Wasserfällen geradeaus (1.15 Std.), jetzt wieder mit Markierung M6. Vor uns auf der Höhe sind die Häuser von Ovifat zu sehen. Schließlich sehen wir links nur ein paar Meter unterhalb in der kleinen Schlucht den **Wasserfall des Bayehon-Baches** 2.

Wir gehen geradeaus weiter über die Kuppe, klettern den holprigen, rutschigen Weg bergab, biegen auf einen Querweg links ab und überqueren den Bach auf einem Holzsteg. Auf dem Schotterweg wandern wir weiter nah am Bach entlang Richtung Moulin de Bayehon. Unmittelbar hinter einer kleinen Brücke über den Gasterbach (hier haben wir den tiefsten Punkt der Tour erreicht, der Weg macht hier eine Kurve nach rechts) biegen wir links auf einen Pfad bergauf in den Wald hinein. Gleich darauf queren wir den Bach erneut auf einem **Holzsteg** (1.50 Std.).

Von nun an wird der Weg deutlich abenteuerlicher: rutschig, steinig und uneben. Wurzeln schlängeln sich über den Weg. Ab und zu muss der Bach auf Holzstegen überquert werden. Man sollte sich die Zeit nehmen, die wild-romantische Schönheit dieses Tals zu genießen. Die Wegzeichen und die Devise, immer nah am Bach zu bleiben, helfen bei der Orientierung. Vorübergehend tritt der Weg aus dem Wald hinaus, wir passieren einen Skihang an seinem unteren Ende. Es geht weiter am Bach entlang, bis wir bei den Anfängen eines Trimm-dich-Parcours ein letztes Mal über den Bach nach rechts wechseln; hier halten wir uns bei der Wegverzweigung links und kommen langsam weg vom Wasser. Es geht geradeaus den Hang hinauf und bei einem Querweg links. In einer Linkskurve des Weges folgen wir dem Trimm-dich-Parcours rechts weiter bergan, überqueren den Bach schließlich über einen breiten Bohlensteg und halten uns bei der folgenden Wegverzweigung abermals links.

Fahrgeräusche verraten uns, dass wir uns in der Nähe der Fahrstraße von Baraque Michel nach Sourbrodt befinden. In einer Linkskehre der Trimm-Dich-Strecke folgen wir den etwas undeutlicheren Wegspuren geradeaus. Kurz danach stoßen wir am Waldrand auf einen Wirtschaftsweg, gehen etwa 40 m nach rechts, und biegen dann auf den ersten Weg nach links ab. Auf steinigem Untergrund geht es jetzt am Rande einer Freifläche zügig und fast geradlinig auf das Naturschutzzentrum zu. Morastige Stellen im Wald werden auf dem schmalen Parallelweg im Wald umgangen. Wir treten aus dem Wald heraus und stehen unversehens wieder am Parkplatz des **Naturschutzzentrums** 1 (3 Std.).

Tour 9

Die Schönheit des Venns

Von Baraque Michel entlang der Hill

Dies ist eine Liebeserklärung: Wer das Hohe Venn von seiner schönsten Seite kennen lernen will, sollte es im Herbst an einem sonnigen Morgen besuchen. Wenn die Frühnebel aufsteigen, wirkt es wie verzaubert. Dann kann man Stunden damit verbringen, die stets wechselnden Konturen der Landschaft zu beobachten.

DIE WANDERUNG IN KÜRZE

+ Anspruch

4 Std. Gehzeit

14 km Länge

Charakter: Einfache Wanderung auf meist gut zu gehenden Stegen oder Schneisen, allerdings mit einigen feuchten oder morastigen Stellen. Einfache Orientierung

Ausrüstung: Fernglas, feste Wanderstiefel, besser noch Gummistiefel

Wanderkarte: WK 1:25 000 Haute Fagnes/Hohes Venn/Hoge Venen

Einkehrmöglichkeit: Nur am Ausgangspunkt

Anfahrt: Mit dem **Auto** von Eupen Richtung Malmedy bis zum Parkplatz Baraque Michel. Keine **Bahn**verbindung.

Hinweise: Das Schutzgebiet Hohes Venn ist in verschiedene Schutzzonen unterteilt, für die jeweils unterschiedliche Zugangsbeschränkungen gelten. Zu bestimmten Zeiten sind Teile des Venns ganz für den Besucherverkehr gesperrt. Vor dem Start empfiehlt es sich daher, Erkundigungen einzuziehen (Tel. siehe S. 6).

Auf dem Parkplatz 1 **Baraque Michel** folgen wir bei der großen Infotafel den Schildern Eupen und Rundwanderweg nach rechts. Der Weg ist gut ausgebaut, der Untergrund trocken und fest. Schon nach etwa 150 m biegen wir links auf einen Plankensteg zum **Priorkreuz** ab, kehren dann aber wieder zurück zum alten Pfad. Rechter Hand steht ein alter preußisch-belgischer **Grenzstein**. Wir wandern in das Venngebiet **Les Potales** hinein und biegen bei einer Wegkreuzung links ab auf den Rundwanderweg, der uns auf einem Plankensteg in die typische Sumpfgraslandschaft des Venns führt. Besonders reizvoll ist dieser Weg an einem sonnigen Herbstmorgen, wenn sich die Frühnebel gerade zu lichten beginnen. Dann wirken alle Formen weich und schemenhaft und geben der ganzen Landschaft etwas Entrücktes.

Nach gut 1,5 km stoßen wir auf einen Querweg und halten uns links. Ohne weitere Wegabzweigungen führt uns der Holzplankenweg nun

Tour 9

fast schnurgerade in eine flache Senke hinein. Wir überqueren die **Hill,** die etwas weiter oben entspringt, und passieren einen weiteren Grenzstein. Am tiefsten Punkt der Senke halten wir uns rechts und wandern nun immer gen Osten, der wärmenden Sonne zu. Nach etwa 3 km häufen sich linker Hand abgestorbene Baumstümpfe und tote Äste. Nur Birken und Fichten gedeihen in dieser Gegend; ihre Wurzeln durchsetzen den Weg, der dann und wann den Plankensteig ablöst.

Bei einer großen Infotafel gehen wir nach rechts auf einer schmalen **Holzbrücke** 2 (1.30 Std.) über die Hill, den Schildern nach Botrange und Baraque Michel folgend. Über weichen Torfboden steigen wir einen kleinen Hang hinauf. Der Boden wird nun sumpfig und nass. Am besten geht man am rechten Rand des Wäldchens entlang. Nach rechts weitet sich der Blick nun über das gesamte Areal, das wir durchwandert haben. Halbrechts wird es vom Signal de Botrange überragt, dem höchsten Punkt Belgiens.

Unser Weg wird zu einer breiten Schneise, die das offene Venn vom Wald trennt. Bei einer Holzbarriere biegen wir nach rechts ab und folgen einer weiteren Schneise. Sie führt auf ein Gatter zu, das die Schutzzone C des Venns abschließt: Hier ist der Zugang nur in Begleitung eines zugelassenen Wanderführers erlaubt. Wir biegen deshalb nach links

und folgen einer weiteren Schneise. Diese läuft wiederum auf den Waldrand zu, wo der Weg nach rechts schwenkt. Sogleich stehen wir vor einer Weggabelung, wir nehmen den rechten Weg, im Weiteren wieder

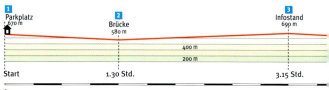

Von Baraque Michel entlang der Hill

rechts durch eine besonders nasse Stelle.

Wir sind nun einen weiten Bogen ausgegangen, an dessen Ende wir eine lange schnurgerade Schneise sehen, der wir bis zum Ende folgen.

Stege helfen da und dort über den Morast. An einer Abzweigung steht ein 1994 errichtetes Kreuz. Schließlich stoßen wir am Rande eines kleinen Wäldchens auf einen breiten Wirtschaftsweg, in den wir rechts einbiegen, um die Umrundung der Zone C zu vollenden. (Nach links ginge es über die Straße zum Naturparkzentrum mit einer kleinen Cafeteria.)

Etwa am höchsten Punkt des Weges steht ein großer **Infostand** 3 (3.15 Std.). Linker Hand zweigt der Weg zum Signal de Botrange (mit Ein-

Tour 9

Weites reizvolles Land, am schönsten an einem Herbstmorgen: das Hohe Venn

kehrmöglichkeit) ab. Wir aber gehen weiter geradeaus, nun bald wieder auf einem Holzsteg, immer am Rand der Schutzzone C entlang, bis es nicht mehr weitergeht. Hier nun schwenkt links ein Pfad ab, der auf den hohen Nadelwald zuführt. Über einen Holzsteg führt der Pfad in den Wald hinein und verläuft dann parallel zur Schneise. Über einen weiteren Steg führt er wieder zurück auf die Schneise und auf dieser links weiter. Als

Von Baraque Michel entlang der Hill

Plankenweg führt er schließlich wieder ins Venn hinein. In der Nähe zweier fast zusammengewachsener Tannen und eines sechseckigen Grenzsteins stoßen wir schließlich wieder auf den Weg, den wir zu Beginn der Wanderung genommen hatten. Diesmal halten wir uns links und folgen immer dem hölzernen Steg, bis er in einen gut befestigten schmalen Weg übergeht, der uns zurück nach **Baraque Michel** 1 führt (4 Std.).

Tour 10

Das Kreuz der Verlobten

Von Botrange über Les Wes ins Polleur-Venn

Wir erschließen uns die reizvolle Vennlandschaft auf eigens dafür angelegten Holzstegen, die uns sicher über alle morastigen und gefährlichen Stellen leiten. Die Geschichte vom tragischen Tod eines jungen Brautpaares erzählt das Kreuz der Verlobten. Ihnen wurde aber nicht das Moor zum Verhängnis, sondern ein Schneesturm.

DIE WANDERUNG IN KÜRZE

Anspruch: +

Gehzeit: 3.30 Std.

Länge: 14 km

Charakter: Einfach; der größte Teil der Wanderung verläuft über die typischen Holzplankenstege

Wanderkarte: WK 1:25 000 Haute Fagnes/Hohes Venn/Hoge Venen

Einkehrmöglichkeiten: Baraque Michel und Signal de Botrange

Anfahrt: Mit dem **Auto** von Eupen Richtung Malmedy bis zum Parkplatz am Signal de Botrange. Keine **Bus-** oder **Bahn**verbindungen.

Hinweise: Das Schutzgebiet Hohes Venn ist in verschiedene Schutzzonen unterteilt, für die jeweils unterschiedliche Zugangsbeschränkungen gelten. Zu bestimmten Zeiten sind Teile des Venns ganz für den Besucherverkehr gesperrt. Vor dem Start daher Erkundigungen einziehen (Tel. S. 6).

Vom **Parkplatz Botrange** 1 aus überqueren wir die Straße und gehen auf dem breiten Weg, der im rechten Winkel von der Straße wegführt, auf einen Infostand zu, bei dem sich der Blick auf das Venn öffnet. Hier biegen wir links ab. Wir gehen geradeaus, nun bald wieder auf einem Holzsteg, immer am Rand der Schutzzone C entlang, bis es nicht mehr weitergeht 2. Hier nun schwenkt links ein Pfad ab, der auf den hohen Nadelwald zuführt. Über einen Holzsteg führt der Pfad in den Wald hinein und verläuft dann parallel zur Schneise. Über einen weiteren Steg führt er wieder zurück auf die Schneise und auf dieser links weiter. Als Plankenweg führt er schließlich wieder ins Venn hinein. In

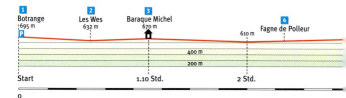

Von Botrange über Les Wes ins Polleur-Venn

der Nähe zweier fast zusammengewachsener Tannen und eines sechseckigen Grenzsteins stoßen wir auf einen Querweg. Wir halten uns links und folgen immer dem hölzernen Steg, bis er in einen gut befestigten schmalen Weg übergeht, der uns zum Parkplatz bei **Baraque Michel** 3 führt (1.10 Std.)

In Baraque Michel wechseln wir wieder über die Straße und halten auf die kleine **Fischbachkapelle** zu. Sie wurde 1931 von einem Industriellen aus Malmedy errichtet, um Umherirrenden durch Glockengeläut ein Zeichen zur Orientierung zu geben. Hinter der Kapelle beginnt ein Plankensteg, der uns wieder ins Venn hineinführt. Er schlängelt sich ca. 1,5 km weit durch die mit einzelnen Fichten bestandene Moorlandschaft und geht dann in einen Weg über. Bald darauf treffen wir auf das **Kreuz der Verlobten** (1.30 Std.). Im Gedenken an ein verlobtes Paar, das in einem Schneesturm umkam, wurde hier, beim Grenzstein 151, das Kreuz errichtet.

An der nächsten Wegkreuzung gehen wir links in ein lichtes Mischwäldchen hinein (Markierung grünes Rechteck und M9). Ein Bach wird auf großen Steinen gemeistert, eine breite Schneise überquert. In einen asphaltierten Querweg schwenken wir rechts ab, nehmen aber kurz vor einer Schutzhütte den Weg nach links ins Schutzgebiet **Fagne de Polleur** 4 (Polleur-Venn; 2 Std.).

Junge Birken und meterhohe Farne säumen unseren Weg, dann treten wir wieder in die offene Venn-Landschaft hinaus. Infotafeln infor-

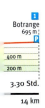

3.30 Std.

14 km

Tour 10

Fast unwirklich schön: das Hohe Venn an einem frühen Herbstmorgen

mieren über geologische Phänomene, Entstehung und wirtschaftliche Nutzung des Moores. An der Verzweigung kurz hinter einem Geröllfeld halten wir uns links. Der Lehrpfad führt in einem Kreisbogen durch das Moorgebiet des Polleur-Venns, da und dort mit kleinen Abstechern, z. B. zu einer meteorologischen Mess-Station der Universität Lüttich.

Nachdem wir den Kreisbogen etwa zu drei Vierteln vollendet haben, folgen wir am Rand eines Fichtenwäldchens einem schmalen Plattenweg nach links, gehen noch einmal links und beim folgenden Querweg nach rechts. Wir überqueren die Straße Eupen–Malmedy und nehmen den Steg, der am Rand des **Neur Lowé-Venns** entlangführt, bis uns der Wegweiser nach links schickt. In schnurgerader Linie geht es nun, teilweise auf Wegen, teilweise auf Bohlenstegen zum **Signal de Botrange** 1, wo ein aufgeschütteter Hügel Belgien die 700-Meter-Marke beschert. Gleich dahinter stoßen wir auf den **Parkplatz** (3.30 Std.), auf dem wir unser Fahrzeug abgestellt haben.

Das Moor

Kaum eine Naturlandschaft beflügelt die menschliche Angst und damit die Phantasie so wie das geheimnisvollgefährliche Moor. Kein Wunder also, dass auch das Hohe Venn voller Geschichten steckt: Geschichten von Verschwundenen, von Verirrten und Gestorbenen, aber auch von glücklich Geretteten und von Rettern. Und nicht immer ist das Moor schuld am Tod, wie es etwa die Geschichte vom Kreuz der Verlobten erzählt. Dieses Paar machte sich an einem Wintertag auf, um die Papiere für die Hochzeit zu besorgen. Irgendwo auf dem Weg durch das Venn wurden sie von einem Schneesturm überrascht, schließlich verloren sie einander noch aus den Augen. Man fand ihre Leichen erst im nächsten Frühjahr, ein ganzes Stück auseinander. Nicht einmal im Tode waren sie vereint. Vielleicht ist es gerade diese dunkle Seite des Moores, die es so eigenartig anziehend macht. Wer an einem schönen Herbstmorgen bei Frühnebel ins hoffentlich noch einsame Venn aufbricht, wird fasziniert sein von der Schönheit dieser Landschaft.

Tour 11

Eifelperlen

Durch das Tal des Perlenbaches

Hier wurde tatsächlich einmal nach Perlen gefischt! Wanderer können heute andere Schätze entdecken: die Narzissenwiesen, die das Tal Anfang Mai in ein Blumenmeer verwandeln.

DIE WANDERUNG IN KÜRZE

Anspruch: +

Gehzeit: 3 Std.

Länge: 14 km

Charakter: Einfach; mit Ausnahme einer Passage am Anfang meist gut befestigte Wege durch eine reizvolle Tallandschaft

Markierung: Keine durchgehende

Wanderkarte: WK 1:25 000 Monschauer Land/Rurseengebiet (WK 3 des Eifelvereins)

Einkehrmöglichkeit: Nur in der Perlenbacher Mühle am Ausgangspunkt

Anfahrt: Mit dem **Auto:** Über die A 1 bis Ausfahrt Schleiden, Gemünd, bis Schleiden, danach Richtung Monschau bis zum Abzweig Höfen. Durch den Ort bergab bis zur Perlenbacher Mühle (Parkplatz). Keine **Bus-** oder **Bahn**verbindungen.

Zugangsbeschränkung: Ein Teil dieser Wanderung berührt das Gebiet des belgischen Truppenübungsplatzes Elsenborn. Über Beschränkungen wegen Schießübungen informieren nicht zu übersehende Tafeln an der Wegkreuzung Großer Stern. Sollte am Tag Ihrer Wanderung ein Zugangsverbot bestehen, wählen Sie den ausgeschilderten Wanderweg Richtung Höfen.

Wir beginnen unsere Wanderung am Wanderparkplatz an der **Perlenbacher Mühle** 1. Ein schmaler Waldpfad führt zunächst am Bach entlang durch schattigen Nadelwald. An einer ersten Wegkreuzung überqueren wir einen breiten Waldwirtschaftsweg in gerader Richtung und folgen einem schmaleren Bachlauf gemäß dem Schild Richtung Fuhrtsbachtal.

Unser Weg schlängelt sich als Pfad mehr oder weniger parallel zum Bachlauf in der Mitte des Tals, der Nadelwald zur Rechten und Linken wechselt zwischendurch mit lichtem, jungem Buchenwald. Langsam entfernt er sich vom Bachlauf und steigt leicht an. Wir halten auf eine Kuppe zu und biegen kurz davor rechts in einen Asphaltweg 2 ein (30 Min.), der uns hinunter zum **Fuhrtsbach** zuführt. Wir überqueren den Bach auf einer Holzbrücke und gehen bei der folgenden Wegkreuzung links auf einen breiten geschotterten (Wald-)Wirtschaftsweg.

Tour 11

Er führt uns für fast zwei Kilometer durch ein breites offenes Wiesental. Schließlich macht er einen scharfen 90-Grad-Knick nach links. Wir passieren gleich darauf rechter Hand einen kleinen Teich. Direkt dahinter halten wir uns links, an der Gabelung 30 Meter weiter wählen wir den rechten Abzweig und gehen ein Stück auf Asphalt durch den noch relativ jungen Mischwald. Schließlich biegt das Asphaltsträßchen nach rechts ab, wir wandern geradeaus weiter Richtung Wahlerscheid. Im Folgenden halten wir uns links, überqueren ein Bächlein und gehen dann bei einem Querweg rechts durch ein freundliches Seitental des Fuhrtsbaches. Wir bleiben auf dem deutlich gespurten Weg, bis er auf einen Schotterweg trifft, in den wir rechts einbiegen. Links und rechts des Weges stehen Tümpel in den Wiesen, es geht unmerklich bergan.

Schließlich treffen wir mitten im Wald auf den **Großen Stern** 3, an dem sich fünf Wege treffen (1.45 Std.). Hier stehen wir unmittelbar an der deutsch-belgischen Grenze und

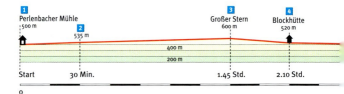

Durch das Tal des Perlenbaches

Hier wurde tatsächlich einst nach Perlen gefischt

wechseln dezent hinüber zur belgischen Seite. Eine Infotafel warnt davor, den belgischen Teil an bestimmten Tagen zu betreten, weil das Militär dort Schießübungen mit scharfer Munition macht. Haben Sie zufällig einen solchen Termin erwischt, folgen Sie am besten dem ausgeschilderten Wanderweg rechts nach Höfen.

Wir halten auch im Folgenden die Richtung, der Asphalt unter unseren Füßen ist kaum mehr wahrnehmbar. An der nächsten Kreuzugn bleiben wir geradeaus. Hier hört der Asphalt ganz auf. Schließlich treten wir aus dem Wald heraus; rechter Hand begleitet uns eine niedrige Kuppe. Der Name Galgenberg lässt vermuten, welche Funktion er früher einmal hatte. Es geht noch ein Stück weiter talwärts, am Ende der Kuppe wechseln wir nach rechts und queren ein schmales Bächlein. Auf der anderen Seite treffen wir auf einen gut ausgebauten Wirtschaftsweg und biegen nach links ab. Noch ein kleines Stück bergab und schon befinden wir uns im Tal des **Perlenbaches** 4 (2.10 Std.).

Wir überqueren diesen aber nicht, sondern folgen dem Weg, der sich am rechten Rand des Tals in weiten Bögen entlangschlängelt. Erst bei der nächsten Möglichkeit wechseln wir ans andere Ufer und folgen dort dem Weg nach rechts Richtung Perlenbacher Mühle. Diesem Weg folgen wir nun ca. 3,5 km immer am Hang über dem Perlenbachtal entlang, bis wir die Straße erreichen, die uns nach rechts zurück zum Parkplatz an der **Perlenbacher Mühle** 1 führt (3 Std.).

Tour

Endlose Wälder im Nationalpark

Vom Parkplatz Wahlerscheid zum Wüstebach

Die ausgedehnten Waldflächen westlich der Dreiborner Hochfläche lernen wir auf diesem Weg kennen. Eine ganze Reihe merkwürdig verwachsener Bäume sind nicht der einzige Reiz der Tour. Wer es einsam mag, ist hier genau richtig, denn während der ganzen Tour kommen wir an keiner einzigen Siedlung vorbei.

Wir starten unsere Wanderung am **Parkplatz Wahlerscheid** 1 in der Nähe des Feuerwachturms. Wir queren die Straße, gehen ein kurzes Stück nach rechts und stoßen dort auf einen Wanderweg, der uns Richtung Hirschrott, Schöneseiffen und Oleftalsperre lockt (auf alten Karen noch markiert mit A2). Wir laufen zunächst auf dem grob geschotterten Waldwirtschaftsweg in den Fichtenforst hinein. An der ersten Abzweigung nach etwa 100 Metern nach links laufen wir geradeaus vorbei.

Wir bleiben ganz einfach auf dem breiten Weg, der sich mit wenig Ge-

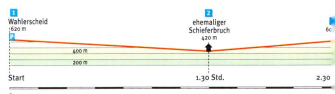

Vom Parkplatz Wahlerscheid zum Wüstebach

fälle langsam ins Tal schlängelt. Das Betreten der Waldflächen vor allem linker Hand ist durch Hinweisschilder verboten. In diesem Teil des Nationalparks sollen sich wohl größere Waldflächen ganz natürlich – ohne menschliches Einwirken – von selbst entwickeln.

Rinnsale links und rechts vereinen sich allmählich zu einem Bach. Am Ende einer Freifläche macht der Weg eine scharfe Rechtskurve. Rechter Hand zum Bach hin hat man in den letzten Jahren den ehemaligen Fichtenbestand eliminiert, mit der Absicht, dass sich hier links und rechts des Baches wieder ein ursprünglicher Auwald entwickelt.

Gleich darauf passieren wir eine Stelle mit gleich mehreren merkwürdig gewachsenen Bäumen. Einige Nadelbäume hier teilen sich weit oben noch mal zu zwei – einer sogar zu drei – Stämmen, eine merkwürdig alt anmutende Eiche ist ganz von Moos überzogen. An der Kreuzung gleich darauf breitet eine **mächtige Fichte** ihre Zweige zeltartig aus, so dass der Wanderer bei schlechtem Wetter (außer bei Gewitter) unter ihr Schutz suchen kann. Wir laufen erstmal noch ein Stück weiter geradeaus (30 Min.).

Der Weg, der nun mehr oder weniger in der Nähe des Bächleins bleibt, bringt uns noch an etlichen Bäumen mit Wuchsanomalien vorbei. An einer Stelle scheinen sogar eine Buche und eine Kiefer aus ein und derselben Wurzel zu entsprin-

gen. Später beschatten zwei mächtige Eichen den Weg. An der nächsten Wegkreuzung laufen wir noch einmal geradeaus über die Kreuzung hinüber, um gleich bei dem wenige Meter weiter folgenden Wegabzweig den rechten, schmaleren Ast zu wählen.

Der Weg ist nun weitaus schmaler und verläuft die ganze Zeit ein Stück oberhalb der Talsohle. Gute 10 Min. nachdem wir den breiten Forstweg verlassen haben, kreuzt ein schmaler Pfad unseren Weg. Wir folgen diesem ausgewaschenen schmalen Steig in Windungen bergab bis zum Bachbett des Wüstebaches, das wir auf einem Holzsteg überschreiten. Am anderen Ufer stoßen wir auf einen Querweg – Richtung Erkensruhr –, der jetzt immer in der Nähe des Wüstebaches bleibt. Wir biegen nach links auf ihn ab. Nach einiger Zeit geht es in einer Rechtskurve um eine Gesteinskuppe herum. Wir passieren eine (offene) Forstschranke, überqueren den **Mühlenbach** in einem Linksbogen und stehen gleich darauf vor einem Querweg, der noch die charmanten Überreste einer alten Asphaltdecke erkennen lässt. Wir gehen nach links.

Eine Brücke führt uns wenig später auch noch über den Wüstebach hinüber, wir wechseln somit die Talseite, bleiben aber weiterhin in der Nähe des Baches.

Nach kurzer Zeit passieren wir am Wegrand einen zum Naturdenkmal deklarierten, mit einem Gitter verschlossenen ehemaligen **Schieferstollen** 2 (1.30 Std.). Etwas unheimlich wirkt er schon, der kalte Luftzug, der aus dem Inneren des Berges herausweht. Auf der gegenüberliegenden Seite des Baches kann man am Hang die Abraumhalde der »Leykaul« entdecken, wie im Rheinischen Schiefer-

Tour 12

gebirge Schieferstollen gerne genannt werden.

Das Bachbett des Wüstebaches wird allmählich breiter, der Bachlauf teilt sich, fließt wieder zusammen.

Gleich darauf passieren wir eine **Schutzhütte** und stehen dann an einer Wegverzweigung. Wir verlassen hier nun den Weg am Bach und biegen links ab, der Beschilderung Rothe Kreuz und Höfen (sowie auf einem extra Wegweiser am Baum linker Hand Richtung Dedenborn) folgend. Das asphaltierte Sträßchen führt in Serpentinen bergauf. Linker Hand unter uns fließt nun ein kleiner Zufluss des Wüstebaches, der Püngelbach. Es schlängelt sich nun in weiteren engen Windungen bergan. In einer der ersten scharfen Rechtskurven ist ein idyllischer Rastplatz unter einem **Kreuz der Pilgerfreunde Heimbach/Höfen** eingerichtet.

In dieser Kurve zweigt links ein Pfad ab, auf dem wir ein Stückchen abkürzen können. Es geht stetig, aber gemächlich bergan, bald gehen wir wieder auf Asphalt. In der nächsten scharfen Rechtskurve – ein ganzes Stück später – verlassen wir das Sträßchen endgültig und biegen auf den befestigten Weg nach links ein.

Kurz darauf macht unser Weg einen Linksbogen, und die hier zusammentreffende Anzahl an Wegen scheint zunächst etwas verwirrend. Gleich zu Beginn der Linkskurve führt rechts ein Weg den Berg hinauf, wir folgen ihm, aber nur für 5 Meter, dann biegen wir links auf den mit Gras bewachsenen Weg ab (2 Std.). Dieser Weg verläuft hart am Waldrand. Zur Linken breitet sich die liebliche Talaue des Püngelbaches aus.

Bald treffen wir auf eine Wegkreuzung. Hier befindet sich auch ein **Teich.** Wir biegen nach links ab.

Der Weg steigt in einer Kurve etwas kräftiger an. Links und rechts des Weges dominiert zu Beginn ein kleiner Eichenwald. Etwa am höchsten Punkt der Kuppe stoßen wir auf einen Querweg, auf den wir nach rechts abbiegen. Ein geschotterter Weg führt entlang einer breiten Schneise durch den Fichtenhochwald, Farn wuchert üppig am Rand. Es geht über eine erste Wegkreuzung hinüber, später über eine zweite **3**, immer weiter geradeaus. Erst dort wo der Wald beiderseits wieder nahe an den Weg herantritt und wo statt des Schotters wieder Asphalt beginnt, biegen wir nach links auf einen schmalen Waldpfad ab. Schon nach wenigen Metern teilt sich der Pfad. Hier halten wir uns rechts.

Wir bewegen uns jetzt unmittelbar am Rand des Nationalparks. Der Pfad wird etwas breiter, es handelt sich scheinbar um einen ehemaligen, jetzt aber nicht mehr genutzten Waldweg. Schließlich stoßen wir auf eine Schutthalde, die die Einmündung zu unserem Forstweg versperrt. Gleich dahinter stoßen wir auf einen Querweg, auf diesem Grasweg gehen wir nach links, bis wir an der ersten Kreuzung abermals auf einen Querweg treffen, hier biegen wir nach rechts ab. Wiederum an der nächsten Wegverzweigung folgen wir der Markierung nach links und wenig später dann im fast rechten Winkel nach rechts. Nun geht es schnurgeradeaus bis kurz vor die Bundesstraße. Hier führt ein neu angelegter Weg nach links bis zu der Stelle, wo wir zu Beginn der Wanderung die **Bundesstraße** überquert haben. Noch einmal geht es über diese hinüber und schon stehen wir wieder auf dem **Wanderparkplatz 1**, auf dem wir das Auto abgestellt haben (3 Std.).

Vom Parkplatz Wahlerscheid zum Wüstebach

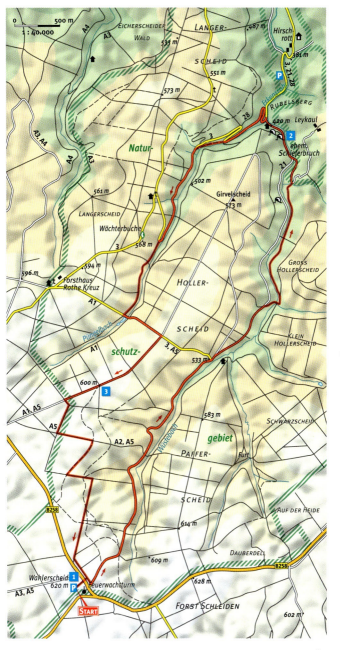

Tour

Ein Nationalpark ohne Wald?

Über die Dreiborner Hochfläche

Die kahle und fast baumfreie Dreiborner Hochfläche diente jahrelang dem belgischen Militär als Truppenübungsplatz. Weit kann der Blick von hier oben schweifen. Aber über die folgenden Jahre soll sich hier wieder ein Buchenhochwald entwickeln.

DIE WANDERUNG IN KÜRZE

Anspruch: +

Gehzeit: 3 Std.

Länge: 14 km

Charakter: Einfache Wanderung, zu Beginn und am Ende über eine weite Hochfläche, im Mittelteil Pfade und Waldwege

Markierung: Im Bereich des Truppenübungsplatzes sind die Wege eindeutig markiert

Wanderkarte: Siehe Hinweis S. 9

Einkehrmöglichkeit: Hirschrott, Dreiborn

Anfahrt: Mit dem **Auto:** aus dem Rheinland über A 1, bis Ausfahrt Kall, Gemünd, Schleiden, dann über Bundesstraßen über Gemünd, Herhahn bis Dreiborn. Von Aachen über Simmerath, Monschau nach Dreiborn. In Dreiborn kurz vor dem Ortsausgang über die Straße »Thol« bis an den Rand des ehemaligen Truppenübungsplatzes.

Besonderheiten: Das Verlassen der markierten Wege auf dem ehemaligen Truppenübungsplatz ist streng verboten. Munitionsrückstände machen ein Abweichen von den markierten Wanderwegen lebensgefährlich.

Unsere Tour beginnt an der großen **Infotafel** 1 am Rande des ehemaligen Truppenübungsplatzes. Bei ihr beginnen zwei Wegvarianten; wir nehmen die linke, die uns bis zum südlichen Ende des einstigen Militärgeländes bringen wird. Der Weg ist mit Holzpfählen markiert; an wichtigen Kreuzungspunkten und Routenverzweigungen leiten neu aufgestellte Wegweiser den Wanderer, damit er nicht Gefahr läuft, vom freigegebenen Weg abzukommen. Zu Beginn geht es ein ganzes Stück fast ohne

Über die Dreiborner Hochfläche

Höhenunterschied über die Dreiborner Hochebene. Weit kann der Blick in alle Richtungen schweifen. Die Hochfläche besteht meist aus Wiesen bzw. heideähnlichen Flächen, unterbrochen von Busch- und Heckenstreifen. Da die Kennzeichnung des Weges ein Verlaufen unmöglich macht, kann sich der Naturfreund ganz auf die Schönheiten der Landschaft konzentrieren. Nur vereinzelte kleine Waldstreifen hat die belgische Militärverwaltung aus manövertaktischen Gründen stehen lassen.

Tour 13

Allmählich beginnt der Weg, der noch aus der Zeit der Übungsmanöver grob befestigt ist, sich leicht bergab zu senken. Ginster, das Gold der Eifel, säumt ihn. Mit seinem leuchtenden Gelb ist Ginster der auffälligste Farbtupfer im Frühling. An der tiefsten Stelle **2** des Weges stoßen wir auf eine Wegverzweigung, an der gleich **mehrere Wege** zusammentreffen (20 Min.).

Der Weg ganz links ist, auf dem unsere Tour weiterführt. Es geht jetzt mit mäßiger Steigung ein Stück bergan. Etwa auf dem halben Weg zur Höhe der Kuppe gabelt sich der Weg. Wir nehmen hier den rechts abzweigenden Ast, der uns durch Ginsterhecken weiter bergauf führt. Spätestens wenn wir die Höhe **3** ganz erklommen haben, sollten wir uns einmal umdrehen. Ganz weit in die Ferne kann der Blick hier schweifen, weit über die Grenzen des ehemaligen Truppenübungsplatzes hinaus, weit über die benachbarten Eifelhöhen.

Wir überschreiten die Kuppe, es geht jetzt stur geradeaus, hinunter in eine **Senke**; hier beginnt jetzt der Wald; sogleich geht es wieder ein Stück bergauf. Auf der Höhe stoßen wir auf eine Wegkreuzung. Hier geht es für wenige Schritte nach links, wo sich rechter Hand eine Schneise auftut. Durch diese führt ein Pfad zwischen den jungen Fichtenbeständen links und rechts ganz allmählich wieder bergab.

Schließlich tritt der Pfad wieder bei einer Wiese aus dem Wald heraus und wir stehen vor einer Wegkreuzung. Wir halten uns rechts. Wir passieren einen kleinen Weiher linker Hand, der mal als Löschteich angelegt wurde. In einem weiten Rechtsbogen folgen wir so dem Lauf des schmalen **Viehbaches** (die Bäume links und rechts des Baches wurden vor Kurzem gefällt) bis hinab ins Tal des **Wüstebaches** **4**, der wiederum später in die Erkensruhr mündet, die den Obersee der Rurtalsperre speist. So weit wollen wir aber heute nicht laufen. Schon nach wenigen Minuten passieren wir eine Stelle, an der links ein Holzsteg über den Bach hinüberführt, wir aber bleiben diesseits, laufen weiter geradeaus und folgen dem Weg Richtung Erkensruhr, der jetzt immer in der Nähe des Wüstebaches bleibt. Ohne es zu merken, haben wir das Gelände des Truppenübungsplatzes verlassen. Gesteinsaufschlüsse am Rande des Weges machen uns immer wieder deutlich, dass auch hier der Untergrund hauptsächlich aus Schiefer besteht. Nach einiger Zeit geht es in einer Rechtskurve um eine Gesteinkuppe herum, plötzlich scheint der Bach in die verkehrte Richtung zu fließen. Sind wir nicht die ganze Zeit seiner Fließrichtung gefolgt? Jetzt plötzlich fließt er uns entgegen. Wer aufmerksam war, hat es natürlich gemerkt: Der Wüstebach bog kurz vor unserer Rechtskurve nach links ab, was uns hier entgegenfließt, ist das Wasser des Mühlenbaches, der gleich in den Wüstebach mündet. Wir passieren eine (offene) Forstschranke, überqueren den **Mühlenbach** in einem Linksbogen und stehen gleich darauf vor einem Querweg, der noch die Überreste einer alten Asphaltdecke erkennen lässt. Wir gehen nach links.

Eine Brücke führt uns wenig später auch noch über den Wüstebach, wir wechseln somit die Talseite, bleiben aber weiterhin in der Nähe des Baches. Nach kurzer Zeit passieren wir am Wegrand einen zum Naturdenkmal deklarierten, mit einem

Über die Dreiborner Hochfläche

Gitter verschlossenen ehemaligen **Schieferstollen.** Etwas unheimlich wirkt er schon, der kalte Luftzug, der aus dem Inneren des Berges herausweht. Auf der gegenüberliegenden Seite des Baches kann man am Hang die Abraumhalde der »Leykaul« entdecken, wie im Rheinischen Schiefergebirge Schieferstollen gerne genannt werden.

Wir erreichen eine Wegverzweigung bei einer Schutzhütte. Ein asphaltierter Weg führt links bergauf, wir aber bleiben weiterhin unten im Tal. Nur wenige Minuten später lockt uns die Wegmarkierung 29 auf eine Holzbrücke nach rechts über den Bach. Auf der gegenüberliegenden Seite geht es im Nadelwald schnell bergan. Es dauert aber nicht lange, dann senkt sich der Pfad wieder ab. Bevor er aber das Bachbett wieder erreicht, stoßen wir auf ein asphaltiertes Sträßchen am Beginn der kleinen Siedlung **Hirschrott** 5. Wer in Hirschrott einkehren möchte, geht auf dem Sträßchen noch ein kleines Stück geradeaus. Das Hotel-Restaurant zum Weißen Stein liegt nur wenige Schritte weiter auf der linken Seite. Meine Empfehlung: die hausgemachten Reibekuchen!

Wir folgen dem Sträßchen (Zufahrt zum Ferienhaus Waldstube) bergauf (1.45 Std.). Am Werbeschild des Ferienhauses gehen wir rechts vorbei auf den schmalen, hohlwegartigen Pfad, der hier im Wald verschwindet. Kurz darauf stehen wir wieder an einer Kreuzung. Links lädt ein breiter, ohne weitere Steigung verlaufender Weg ein, Richtung Erkensruhr oder zur Waldkapelle zu laufen. Wir gehen weiter geradeaus auf dem schmalen Hohlweg ohne spezielle Markierung und ohne Hinweisschild stets bergan. Der Weg schwingt sich in einem leichten Linksbogen den Hang hoch. Plötzlich eine scharfe Kehre nach rechts und nun lässt sich auch schon wieder die offene Hochfläche erahnen. Am Rand des Waldes stoßen wir erneut auf die bekannten Holzpflöcke. Sie führen ein kleines Stück am Waldrand entlang, dann links von ihm weg. Ein Stück zwischen einzelnen Büschen bergan, schon stehen wir an einer Wegverzweigung. Zunächst halten wir uns links, der Beschilderung »Erkensruhr« folgend. Knapp 400–500 m geht es weiter, rechter Hand von Buschwerk begleitet, linker Hand vom Waldrand. Wir kommen wieder an einen Querweg, hier entscheiden wir uns, nach rechts Richtung Dreiborn zu laufen.

Durch eine ausgedehnte Ginsterfläche geht es nun allmählich auf die freie Hochfläche. Bald sehen wir auf der Kuppe vor uns auch schon die Kirche von Dreiborn. Bei der nächsten Weggabelung halten wir uns auf dem deutlich sichtbareren Weg nach rechts hinaus in offenes Wiesenland. Eine ganze Weile folgen wir dem Weg über die **Hochfläche** 6, und an etwaigen Abzweigungen orientieren wir uns weiterhin an Holzpfählen. Linker Hand am Horizont können wir auch schon den Einschnitt erkennen, an dem wir zu Beginn der Wanderung gestartet sind.

Eine Abzweigung wird passiert: Rechts ginge es nach Erkensruhr, wir aber laufen weiter geradeaus, unser Ziel nun immer deutlicher vor Augen. Noch einmal, kurz bevor wir das Auto erreichen, lassen wir den Blick schweifen, nach links hinüber, über das bewaldete Tal. Es ist leider nicht einsehbar, doch hier befinden sich der Urftstausee und die darüber gelegene Ordensburg Vogelsang. Nach insgesamt drei Stunden Wanderzeit erreichen wir unseren **Ausgangspunkt** 1.

Tour 14

Ins Herz des Nationalparks

Von Gemünd durch den Kermeter und den Olefer Kirchwald

Von Gemünd, am Rande des Natioalparks Eifel gelegen, geht es auf markierten Wegen hinein in das Herz des Nationalparks. Geschichtsträchtig sind die Wege allemal. Auf dem Kohlweg wurde lange Zeit die Holzkohle zu den Eisenhütten im Tal transportiert.

DIE WANDERUNG IN KÜRZE

Anspruch: ++

Gehzeit: 4.30 Std.

Länge: 19 km

Charakter: Mittelschwere, abwechslungsreiche Tour mit mehreren Steigungen

Markierung: Im Bereich des Nationalparks sind die Wege eindeutig markiert

Wanderkarte: Siehe Hinweis S. 9

Einkehrmöglichkeiten: In Gemünd und Wolfgarten

Anfahrt: Mit dem **Auto** auf der A 1 bis Abfahrt Wißkirchen. Über B 266 Richtung Schleiden bis Gemünd, weiter Richtung Aachen, nach 200 m rechts, geradeaus über die Kreuzung, dahinter nochmals rechts (Urftseestraße), Parkplatz am Amtsgericht. Mit der **Bahn:** Mit dem RegionalExpress bis Kall, von dort mit dem Bus Richtung Hellenthal bis Gemünd Mitte, Schleiden (sonn- und feiertags nur alle 2 Std.).

Unsere Wanderung beginnt am Amtsgericht 1 von **Gemünd**. Wir gehen links am Gericht vorbei und erreichen über einen Parkplatz das Ufer der Urft. Wir gehen links und überqueren den Fluss auf einer Fußgängerbrücke (Richtung Freibad). Am jenseitigen Ufer halten wir uns sofort links, gleich darauf wieder rechts, nach weiteren 10 m links bergan und folgen im Grunde genommen immer der Beschilderung Richtung Wolfgarten, Kaisereiche.

Noch einmal geht es nach links mäßig im Wald ansteigend, in dem noch einige Bombentrichter aus dem Zweiten Weltkrieg zu sehen sind. Auf schmalem Pfad wandern wir durch einen Eichenwald bis zu einem schmalen Weg, bei dem wir uns nach rechts wenden, weiterhin Richtung Wolfgarten, Kaisereiche. Ein schma-

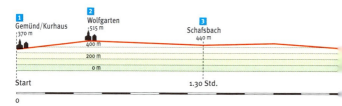

Von Gemünd durch den Kermeter und den Olefer Kirchwald

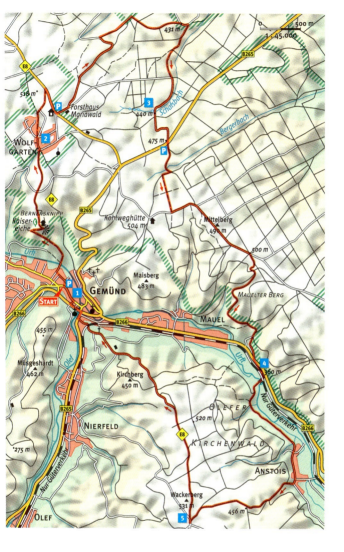

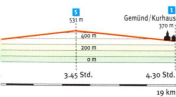

ler Pfad führt nach kurzer Zeit nach links zum **Rastplatz** auf der **Bernersknipp**, die **Kaisereiche** selbst steht noch ein Stück weiter auf der Kuppe. Sie wurde 1906, anlässlich der Einweihung der Urfttalsperre, durch Kaiser Wilhelm II. gepflanzt.

Wir gehen im Bogen zurück am Rastplatz vorbei und steigen auf dem breiter werdenden Weg zunächst leicht bergan, überqueren eine kleine Kuppe, kreuzen einen befestigten Fahrweg. Wir gehen durch einen lichten Wald, passieren ein Wildgatter und einen Rastplatz und treffen auf die Straße Zum Stich, die uns in die kleine Ortschaft **Wolfgarten** 2 (30 Min.) führt.

Wir überqueren eine Straße und gehen auf der anderen Seite durch ein Holztor (Markierung »Hauptwanderweg«). Ein schmaler überwucherter Pfad führt zwischen Gärten und Wiesen leicht bergab in ein Eichenwäldchen. An der Gabelung halten wir uns rechts Richtung Kermeterschänke und gehen geradeaus bis zu dem übermannshohen **Kermeterkreuz**. Der grasbewachsene Weg führt in einem Linksbogen mitten durch eine Wiese, steigt noch einmal leicht an und stößt dann auf die L 249, die wir vorsichtig überqueren. Auf dem parallel zur Straße verlaufenden Wirtschaftsweg wandern wir rechts weiter, wieder auf Wolfgarten zu. Hinter einem Wanderparkplatz berührt unser Weg die Landstraße und wir biegen links auf ein asphaltiertes Fahrsträßchen ab, das zum **Forsthaus Mariawald** führt.

Hinter dem Forsthaus nehmen wir den linken gekennzeichneten Abzweig, einen breiten, gut befestigten Waldwirtschaftsweg. Es geht tiefer hinein in den Kermeter, einen der wenigen Wälder der Eifel, die vom Raubbau für die Holzkohlenherstellung der frühen Neuzeit verschont blieben. Über eine Kreuzung im Wald geht es geradeaus hinüber. Etwa nach einer Viertelstunde seit Wolfgarten macht unser Weg eine scharfe Linkskurve. Etwa 50 Meter weiter zweigt rechts ein mit Hergarten beschilderter schmaler Weg ab. Dieser schlängelt sich durch Fichtenwald, zunächst leicht bergab. dann wieder ein Stück bergan. Dort wo wir rechter Hand auf ein noch junges Fichtenwäldchen stoßen, liegt auch die Grenze des Nationalparks. Unmittelbar hinter dem Wäldchen zweigt rechts ein Weg ab, diesem folgen wir immer am Rand des jungen Fichtenareals entlang. Nach fast einem Kilometer stoßen wir im spitzen Winkel auf einen Querweg, dem wir nach rechts folgen. 50 Meter weiter stehen wir an einer Wegkreuzung, hier gehen wir wiederum nach rechts. Dieser Weg führt leicht bergab in eine kleine Senke, wird dahinter immer schmaler und schlängelt sich durch den ziemlich ausgedünnten Fichtenwald. Nach einer knappen Viertelstunde stoßen wir auf einen Querweg, wir gehen nach links und hören bald den **Schafsbach** 3 plätschern (1.30 Std.).

Dem Schafsbach folgt unser Weg nun ein Stück und quert ihn dann. Rechts liegt ein idyllischer Waldweiher versteckt, doch bald stehen wir am Rand der vielbefahrenen B 265, die von Köln herkommt. Wir überqueren sie (vorsichtig), passieren einen Waldparkplatz und nehmen den markierten Waldweg, überschreiten bald ein kleines Bächlein. Dahinter stoßen wir auf einen Querweg, wir gehen nach rechts und wenig später nehmen wir den linken Abzweig. Es geht über eine kleine Kuppe hinüber. Kurz nachdem wir den höchsten Punkt überschritttten haben, stoßen wir auf einen etwas breiteren Quer-

Von Gemünd durch den Kermeter und den Olefer Kirchwald

weg, den alten **Kohlweg** (2 Std.). Wir wenden uns nach links.

Der Kohlweg war einst ein wichtiger Wirtschaftsweg, auf dem Holzkohle zu den Hütten des Gemündner Tals transportiert wurde. Nach einem guten Kilometer zweigt unser Weg schräg nach rechts ins Tal hinab ab. Wir gehen bergab in weitem Bogen um den Mauelter Berg (linker Hand) herum, immer wieder mit Blick auf die Höhen gegenüber, auf denen das Dorf Morsbach liegt. Wir bleiben stets weiter auf dem breiteren talwärts führenden Waldwirtschaftsweg. Vorbei am Lager einer Baufirma erreichen wir das **Arenbergische Forsthaus** und dann die stark frequentierte B 266, die wir mit Vorsicht überqueren.

Jenseits der Bundesstraße gehen wir auf dem Fußgänger- und Radweg links und queren dann auch noch die Bahnlinie und schließlich die **Urft** 4 (2.45 Std.). Weiter geht es auf einem Wiesenweg dem Waldrand zu und dann in einer leichten Linkskurve mäßig bergan. Bei einer Weggabelung nehmen wir den linken Abzweig und wandern auf gleichbleibender Höhe über dem Tal des Urftbaches entlang. Unvermittelt stehen wir zwischen den ersten Häusern des Dörfchens **Anstois**. Wir wandern geradeaus hinein, vorbei am Dorfplatz mit drei Linden und einem Kreuz, gehen halbrechts in die Straße zum Fahrenbach und 50 m weiter bei einer Abzweigung der leicht verdeckten Markierung 1 folgend leicht aufwärts nach rechts.

Wir folgen dem hohlwegartigen Weg und nehmen am Waldrand, dort wo kurz hintereinander drei Wege nach links abzweigen, den zweiten, weiter mäßig steil bergan. Der Weg ist zugewuchert, wird nicht mehr genutzt. Wir bleiben im Wald möglichst weiter geradeaus und bergauf, auch wenn der Weg immer undeutlicher wird. Auf jeden Fall vermeiden wir es, auf die linke Seite des Geländeeinschnitts zu wechseln, auch wenn dies verlockend sein sollte. Der Weg nähert sich einem Hügelkamm, läuft ein Stück parallel zum Kamm, unterquert zweimal eine Telefonleitung und stößt schließlich, in der Nähe eines Hauses, auf einen querenden Fahrweg mit der Markierung A1. Hier halten wir uns links, gehen an dem Anwesen vorbei und treffen am Ende der Hecke, die das Grundstück begrenzt, auf ein Wege-T. Im spitzen Winkel geht es nach rechts, 30 m weiter an der nächsten Weggabelung 5 geradeaus weiter (3.45 Std.).

Wir wandern hier auf der Höhe des Wackerberges durch den **Olefer Kirchwald.** Wir bleiben stets auf dem breiten Waldwirtschaftsweg, der uns allmählich talwärts führt. Schließlich treten wir aus dem Wald heraus auf offenes Wiesengelände; das lang gestreckt im Tal liegende Gemünd wird sichtbar. Links oberhalb auf der Höhe befinden sich ein Funksendemast sowie der Turm der »Ordensburg«, in der während des Naziregimes der »Führernachwuchs« ausgebildet wurde.

In Serpentinen geht es immer weiter zum Ort hinab, vorbei an einem Wasserhochbehälter und ein, zwei Aussiedlerhöfen. Kurz vor den ersten Häusern gibt es noch Gelegenheit für einen kurzen Abstecher zu einem **Hochkreuz** auf einem kleinen Hügel mit Blick über die Dächer des Städtchens. Schließlich endet unser Asphaltsträßchen an einem Parkplatz. Gleich darauf erreichen wir die Durchgangsstraße, an der wir uns zunächst nach rechts halten. Wir überqueren die Olef und kehren zurück zum Amtsgericht 1 von **Gemünd** (4.30 Std.).

Tour 15

Zur Eifelbasilika

Von Kall zum Kloster Steinfeld

Über Berg und Tal geht es diesmal; auf jeder Höhe lockt eine Sehenswürdigkeit, und die Täler stehen dem in nichts nach. Ruine Stolzenburg und das umliegende Naturschutzgebiet, Römerkanalwanderweg und Kloster Steinfeld sind zweifellos die Höhepunkte der Tour.

DIE WANDERUNG IN KÜRZE

++ Anspruch	**Charakter:** Mittelschwere Wanderung mit vielen Steigungen, aber ebenso vielen Sehenswürdigkeiten	**Anfahrt:** Mit dem **Auto** auf der A 1 bis Abfahrt Wißkirchen, weiter auf die B 266 Richtung Schleiden bis Wallenthal. Hinter Wallenthal nach Kall abbiegen und am Bahnhof parken. Die **Bahn** bietet regelmäßige Verbindungen mit dem RegionalExpress bzw. der Regionalbahn bis Bahnhof Kall.
3.15 Std. Gehzeit	**Wanderkarte:** WK 1:25 000 Nettersheim/Kall im Deutsch-Belgischen Naturpark (WK 5 des Eifelvereins)	
14 km Länge	**Einkehrmöglichkeiten:** In Kall und Kloster Steinfeld	

Wir starten am **Bahnhof** 1 von **Kall**. Den Bahnhof im Rücken wenden wir uns nach rechts Richtung Innenstadt. Wir gehen über die Bahnhofstraße bis zu einem kleinen Kreisverkehr, halten uns dort rechts, nehmen die Aachener Straße bis zum nächsten Kreisverkehr und wenden uns wieder rechts Richtung Sötenich und Keldenich. Unmittelbar am Abzweig der K 67 nach Keldenich biegt rechts ein Sträßchen (Kroppelspfad) den Berg hinauf in ein kleines Wohnviertel. Auf diesem steigen wir mäßig bergan, laufen an der Lilienstraße, die von links einmündet, weiter geradeaus, um dann an der zweiten Einmündung links in die Akazienstraße einzubiegen.

Bei der ersten Gelegenheit biegen wir nach rechts ab auf einen geschotterten Feldweg und erreichen bei den letzten Häusern des Neubauviertels den Waldrand. Unmittelbar davor biegt links ein schma-

Von Kall zum Kloster Steinfeld

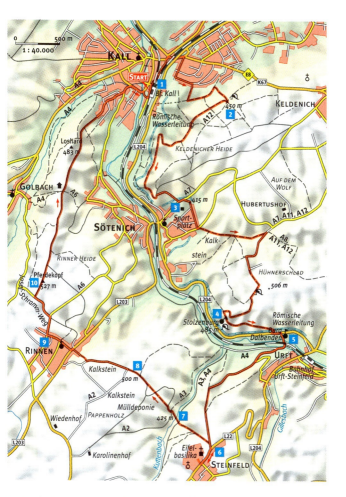

ler Pfad ab, dem wir nun für kurze Zeit folgen. Allmählich rückt die Bebauung näher an den Waldrand heran. Dort wo die ersten Häuser fast an den Waldrand reichen, zweigt rechts ein schmaler Pfad den Berg hinauf ab. Wir passieren einen gekiesten Wendehammer, halten uns auf schmalem Pfad weiter bergauf, biegen rechts in einen Waldfahrweg ein und erreichen nach wenigen Schritten den rechts abzweigenden **Römerkanalwanderweg 2 (Hinweistafel),** dem wir weiter in den Wald hinein folgen (30 Min.).

Tour 15

Der Weg folgt nach einer scharfen Linkskehre des Weges (Ruhebank) in etwa der Trasse der römischen Eifel-Wasserleitung, die etwas weiter im Tal verlief und heute nicht mehr zu sehen ist.

Der Weg führt auf und ab durch den Wald. Hinter einer Forstschranke halten wir uns links, rechter Hand schimmert durch die Bäume ein Mahnmal für die Gefallenen der beiden Weltkriege, und nach einer Gabelung, an der wir uns rechts halten, sehen wir im Tal bereits die Häuser von **Sötenich.**

An Weiden vorbei halten wir auf den **Sportplatz** [3] zu, folgen der Querstraße nach links und biegen am Ende des Sportplatzes rechts in die Straße Zum Wachberg ein. Sie führt uns aus dem Ort hinaus, wo wir nach den letzten Häusern einen zugewachsenen Wiesenweg finden (Schild »Schutt abladen verboten«), der uns an den Rand eines Kalksandsteinbruchs führt. Den folgenden Querweg nehmen wir links und kommen langsam aus der Talmulde heraus. Bei der folgenden Wegkreuzung zweigt der **Römerkanalwanderweg** rechts ab (1.15 Std.). Wir tun es ihm gleich.

Durch Wiesen und Weiden geht es weiter leicht bergan. Wir bleiben bei Abzweigungen immer auf unserem Asphaltsträßchen, ignorieren dann aber am Waldrand die Abzweigung links zum Hof und gehen auf einem normalen Feldweg auf eine nur mit vereinzelten Kiefern bestandene Kuppe zu, die an die Wachholderheidegebiete aus anderen Teilen der Eifel erinnert. Den höchsten Punkt der Kuppe lassen wir links liegen und wandern auf einer kleinen lichten Hochfläche weiter. Etwa 50 m vor dem Ende der Freifläche biegt der Römerkanalwanderweg

Wir erreichen schließlich einige freie Felskanzeln, wo man den Blick in die Ferne schweifen lassen kann. Geländer sichern die steilen Abbrüche. Wir befinden uns jetzt im **Naturschutzgebiet Stolzenburg** [4] (1.30 Std.). Mauerreste lassen erahnen, dass hier einst eine Festung stand, die dem Gebiet den Namen gab.

Wir lassen die Aussichtskuppe hinter uns, gehen ein Stück zurück, steigen über die niedrige Begrenzungsmauer und folgen dem Römerkanalwanderweg nach rechts weiter talwärts (Hinweisschild »Urft 1 km«). Man kann hier an mehreren Stellen noch die alte römische Wasserleitung betrachten, die freigelegt wurde.

Oberhalb der Landstraße verlassen wir den Römerkanalwanderweg schließlich. Wir gehen nach rechts hinunter zur Straße, dort ein paar Meter nach links, biegen unmittelbar vor der **Burg Dalbenden** [5] rechts ab und überqueren die Urft und die Bahngleise. Nun sind wir auf dem Querweg **Mühlgraben** (1.45 Std.). Ihn gehen wir nach rechts, vorbei an der ehemaligen **Urfter Mühle,** an der folgenden Wegverzweigung links und 300 m weiter wieder rechts. Wir steigen nun aus dem Tal wieder auf, auf der anderen Talseite ist schon bald die Aussichtskanzel bei der Stolzenburg zu erkennen. Wir betreten den Wald, gehen den nächsten Querweg links und sehen an der höchsten Stelle des Weges die Mauern und Türme von **Kloster Steinfeld** [6] vor uns (2 Std.).

Da wir das Kloster besichtigen möchten, gehen wir weiter bis zur Landstraße, auf dieser ein kurzes Stück nach rechts bis zum Eingang der Anlage. Hier kann man gut eine

Da freuen sich nicht nur die Füße – Erfrischung am Dorfbrunnen von Rinnen

Pause einlegen. Nach der Pause gehen wir über die Landstraße zurück auf unser Asphaltsträßchen, das sich nach 30 m gabelt, wir halten uns links, auf ein kleines Klärwerk zu. Dort geht es auf einem schmalen Pfad rechts bergab ins Tal (Markierung Eifelsteig), über einen kleinen Bach 7 und auf der anderen Seite zwischen Weidezäunen wieder bergan, später dem Hinweisschild »Rinnen« folgend, immer geradeaus über alle Querwege hinweg, bis hinauf zur Kuppe 8.

Kurz nach dem höchsten Punkt des Weges passieren wir das Gelände eines Steinbruchs mit Schotterwerk. Hinter dem letzten Betriebsgebäude, unmittelbar vor einem großen weißen Kreuz (je nach Jahreszeit fast zugewuchert), biegen wir rechts in einen Pfad, der in den **Ort Rinnen** (2.30 Std.) hinunterführt. Beim Dorfbrunnen 9 treffen wir auf die Durchgangsstraße, wir aber gehen kurz nach links, dann sofort rechts die Michaelstraße steil den Berg hinauf, biegen rechts auf die Sistaler Straße ab und folgen dem ersten Quersträßchen nach links.

Etwa auf dem höchsten Punkt biegen wir nach rechts auf den Weg zum **Pferdekopf** 10 ab, dem höchsten Punkt dieser Tour (2.50 Std.). Hier oben haben wir eine herrliche Aussicht über die Höhen.

Wir bleiben zunächst auf der Höhe und wandern durch den Wald weiter, vorbei an der Loshardt. Dann senkt sich der Weg langsam ins Tal, wobei wir alle Abzweige ignorieren. Bei den ersten Häusern von Kall geht der Weg in die Straße Loshardt über, die uns geradewegs in den Ort hineinführt. In die Durchgangsstraße biegen wir rechts ein und stoßen am Kreisverkehr schließlich auf die Bahnhofsstraße, die uns zum **Bahnhof** 1 von **Kall**, unserem Ausgangspunkt, zurückführt (3.15 Std.).

Tour

Bleibergwerk und Römerbauten

Von Mechernich nach Breitenbenden und Bergheim

Mechernich, das Zentrum einer alten Bleibergbauregion, und die umgebende Landschaft bilden Ausgangspunkt und Ziel dieser Wanderung. Ausruhen können wir uns zwischendurch bei den Resten eines alten römischen Bauhofes.

DIE WANDERUNG IN KÜRZE

++ Anspruch	**Charakter:** Leichte Wanderung auf meist breiten Wegen, ohne große Schwierigkeiten und Orientierungsprobleme, aber aufgrund der Länge mittelschwer im Hinblick auf Ausdauer und Kondition	**Einkehrmöglichkeiten:** In Mechernich, Breitenbenden und Bergheim
4.30 Std. Gehzeit		**Anfahrt:** Mit dem **Auto** über die A 1 bis Ausfahrt Mechernich, weiter bis Mechernich. Direkt am Ortsbeginn am Bahnhof Park-and-Ride-Parkplatz. Mit der **Bahn:** RegionalExpress bis Mechernich.
18 km Länge	**Wanderkarte:** WK 1:25 000 Mechernich/Kommern im Deutsch-Belgischen-Naturpark (WK 5a des Eifelvereins)	

Wir starten unsere Tour am **Bahnhof** 1 von **Mechernich**. Mit dem Bahnhof im Rücken überqueren wir die B 477, gehen auf die gegenüberliegenden Straßenseite ein Stück nach links. Nach wenigen Schritten führen – gegenüber vom ehemaligen Raiffeisenmarkt – ein paar Stufen in ein Eichenwäldchen hinein. Der Pfad läuft an der Gartenseite der ersten Wohnhäuser von Mechernich entlang und trifft bald auf einen schmalen Weg, der nach wenigen Metern auf eine Asphaltstraße führt. Wir gehen stets geradeaus, passieren eine Forstschranke und betreten den Wald. An der ersten Weggabelung im Wald halten wir uns links und wandern in einem weiten Rechtsbogen durch den Buchen- und Eichenmischwald. Bei einer Wegkreuzung am Waldsaum folgen wir dem Pfad nach rechts. Gleich darauf überqueren wir einen Waldweg, dahinter gabelt sich unser Pfad. Wir folgen der linken Abzweigung.

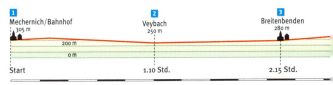

Von Mechernich nach Breitenbenden und Bergheim

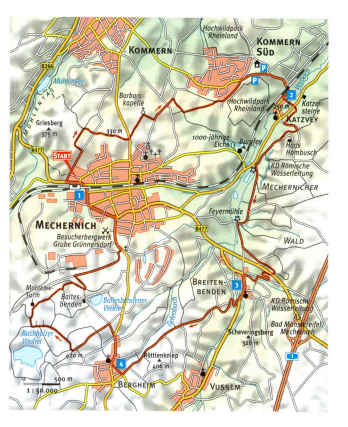

Wir überqueren schließlich die Fahrstraße nach Kommern, gehen nach links zum Kreisverkehr, überqueren die Einfahrt zum Wohngebiet Mechernich Nord und nehmen dann den asphaltierten Weg, der an der Rückseite der ersten Häuserzeile vorbeiläuft (A1) und geradeaus bis zu einer **Kapelle** am Waldrand führt.

Kurz dahinter öffnet sich von einem Aussichtspunkt aus der Blick auf Kommern.

Wir gehen rechts neben der Kapelle ein paar Stufen bergab und halten wieder auf die Neubausiedlung zu. In das Asphaltsträßchen an ihrem Rand biegen wir links ein und passieren nach dem letzten Haus eine markante einzeln stehende Kiefer mit einem Holzkreuz darunter. Wir wandern an einem Garten mit einem künstlichen Feuchtbiotop entlang, an der nächsten Kreuzung geradeaus und an der folgenden Weggabelung rechts in den Wiesenweg hinein leicht bergab.

Tour 16

Markanter Wegpunkt: die einzelne Kiefer am Ortsrand von Mechernich

Am Waldrand wenden wir uns nach links und wandern auf eine mit Kiefern und Birken bestandene Kuppe zu. Im Wäldchen folgen wir der Markierung A2 nach rechts, über ein Asphaltsträßchen hinweg bis zur Verbindungsstraße Kommern–Katzvey (1 Std.). Hier biegen wir nach rechts ab und gehen ein gutes Stück neben der Straße entlang, vorbei am Parkplatz des Hochwildschutzparks Kommern und über die Gleise der Bahnstrecke Euskirchen–Trier bis nach **Katzvey** hinein.

Bei der Dorflinde biegen wir nach links ab, den Wegzeichen A1 und A2 folgend, überqueren den Veybach 2 und gleich darauf die Straße von Satzvey nach Mechernich. Es geht über den **Wanderparkplatz** hinweg, dann wenden wir uns scharf rechts, wandern durch ein niedriges Eichenwäldchen und biegen auf der Höhe einer kleinen Kapelle links ab. Es geht ein Stück nicht allzu steil bergan, bis wir auf einen breiten Waldwirtschaftsweg stoßen (A1/A2). 300 Meter weiter stößt von links ein weiterer Querweg dazu, wir laufen geradeaus weiter. Der Weg ist breit, zeigt stellenweise sogar noch die Zeichen einer alten Pflasterung. Kurz bevor er wieder in Asphalt übergeht, biegen wir halblinks in den **Römerkanalwanderweg** ein, der – nur mäßig ansteigend – durch den Mischwald führt. Diesem Weg folgen wir durch den Wald, im Wesentlichen immer geradeaus.

Nach einer kleinen Senke öffnet sich nach rechts der Blick durch die Bäume zu einer Wiese und einer Reihe von Fischteichen. Gleich darauf halten wir uns rechts Richtung **Feyer Mühle**, nehmen aber kurz davor einen asphaltierten Feldweg nach links. Er führt über eine Kuppe und auf eine Straßenunterführung zu, biegt jedoch davor nach links ab (Römerkanalwanderweg). Er läuft geradeaus in ein Mischwäldchen hinein und wir erreichen bald die Zufahrtsstraße zur Autobahn A 1, die wir überqueren müssen.

Auf der anderen Straßenseite führt uns der Römerkanalwanderweg zu den restaurierten Resten eines alten **römischen Bauhofes.** Ausführliche Infotafeln berichten über die Wiederentdeckung der alten Anlage, ihre wahrscheinliche Funktion sowie die übrigen Funde in diesem Bereich (2 Std.).

Im Wäldchen stoßen wir dann auch auf verschiedene Reste einer alten **römischen Wasserleitung.** Dann senkt sich der Pfad langsam zu Tal.

Fast im Talgrund nehmen wir einen Wirtschaftsweg nach rechts Richtung **Breitenbenden** 3, das wir nach 2.15 Std. Gehzeit erreichen. Beim ersten Haus biegen wir links ab und gehen in den Ort hinein bis zur Durchgangsstraße, der Feyermühler Straße. Auf ihr gehen wir links an der Kirche vorbei Richtung Ortsausgang, schwenken aber kurz vor dem Ortsendeschild in die Einmündung rechter Hand und nehmen dann gleich die Karlsburger Straße links. Sie führt an einem Aussiedlerhof vorbei und macht einen weiten Rechtsbogen. Bei der folgenden Weggabelung halten wir uns links und bleiben dann geradeaus auf dem asphaltierten Weg bis **Bergheim** 4.

Im Ort folgen wir dem Weidenweg nach rechts und nehmen dann die Durchgangsstraße nach Mechernich ebenfalls nach rechts. Am Ortsausgang halten wir uns im Kreisverkehr an der zweiten Möglichkeit links und erreichen das eingezäunte Gelände eines **militärischen Übungsbezirks.** Davor gehen wir links, jetzt mit der Wegmarkierung A2, und halten auf die Kuppe zu. Kurz vor Erreichen der Höhe nehmen wir einen Abzweig nach rechts und wandern in ein Kiefernwäldchen hinein bis zur ersten Abzweigung. Dort halten wir uns rechts.

Dieser Weg durchquert eine breite Waldschneise. Wir gehen auf ihm geradeaus, bis wir auf einen Weg stoßen, der im stumpfen Winkel nach rechts abbiegt. Diesem folgen wir bergab und halten uns vor einem großen runden Beton-Wasserbecken rechts. Dies sind die ersten Hinweise auf das ehemalige **Mechernicher Bleibergwerk.** Über dem Wasserbecken wird vorübergehend der Blick auf den Malakow-Turm frei.

Der Weg schlängelt sich ohne große Höhenunterschiede am Rande des alten Bergwerksgeländes entlang und führt an der nächsten Wegkreuzung links. Der Laubwald, durch den wir wandern, wurde wohl erst nach der Aufgabe des Bergwerkes gepflanzt. In einer weiten Rechtskehre nehmen wir den unmarkierten überwachsenen Weg nach links, der uns allmählich bergab führt und später, im etwas höheren Mischwald, auf einen breiteren Waldwirtschaftsweg stößt, in den wir links abbiegen.

Schließlich stoßen wir auf eine Asphaltstraße, auf der wir uns nach rechts wenden. Sie läuft ohne großen Höhenunterschied und zunächst schnurgerade dahin, bis sie in einem Kiefernwäldchen einen weiten Bogen nach links macht. Hier zweigt vor den Leitplanken rechts ein schmaler Pfad in den Wald ab, auf dem wir die Verbindungsstraße Mechernich–Bergheim erreichen. Wir gehen links, vorbei am Bergbaumuseum, und beim Kreisverkehr abermals links auf die B 477, die uns zum Parkplatz am **Bahnhof** 1 von **Mechernich führt** (4.30 Std.).

Tour

Neandertaler und Römer

Von der Kakushöhle bei Eiserfey zum Aquädukt bei Vussem
Zeugnisse aus den unterschiedlichsten Epochen menschlicher Geschichte gibt es bei dieser Tour zu entdecken. Vom Neandertalerunterschlupf geht es zum römischen Aquädukt bei Vussem. Sehenswert sind schließlich auch die römische Brunnenstube bei Kallmuth und die Kirche von Weyer.

DIE WANDERUNG IN KÜRZE

Anspruch: ++

Gehzeit: 4.30 Std.

Länge: 18 km

Charakter: Abwechslungsreiche Tour auf ebensolchen Wegen und Pfaden

Wanderkarte: WK 1:25 000 Nettersheim/Kall im Deutsch-Belgischen Naturpark Hohes Venn-Eifel (WK 5 des Eifelvereins)

Einkehrmöglichkeiten: Am Ausgangspunkt der Wanderung und in Eiserfey

Anfahrt: Mit dem **Auto:** Autobahn A 1 bis Abfahrt Nettersheim, dann rechts auf die B 477 Richtung Mechernich, 500 m hinter dem Ortsende von Weyer links Parkplatz an der Kakushöhle (Hinweisschild). Mit der **Bahn:** Bahnlinie Köln–Trier bis Mechernich, vom Bahnhof mit dem Anruf-Linien-Taxi bzw. Buslinie 830 bis Weyer Kreuzweg, von da 600 m zu Fuß Richtung Mechernich bis zur Kakushöhle.

Vom Parkplatz an der **Kakushöhle** 1 folgen wir der Ausschilderung zur Höhle. Wir gehen durch die Höhle hindurch und steigen über in den Stein geschlagene Treppenstufen bis zum rückwärtigen Ausgang hinauf, wobei man manchmal den Kopf einziehen muss, denn einige Passagen sind nicht höher als 1,30 m. Durch eine schmale Spalte schlüpft man schließlich wieder ins Freie. Wer zu Platzangst neigt oder in der Beweglichkeit eingeschränkt ist, kann auch den Treppenpfad rechts außen an der Höhle vorbei benutzen, um zum rückwärtigen Ausgang zu gelangen.

Nun nehmen wir die Treppen nach links, die zunächst ein Stück bergab,

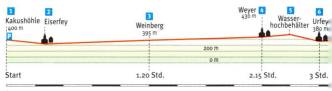

Von der Kakushöhle bei Eiserfey zum Aquädukt bei Vussem

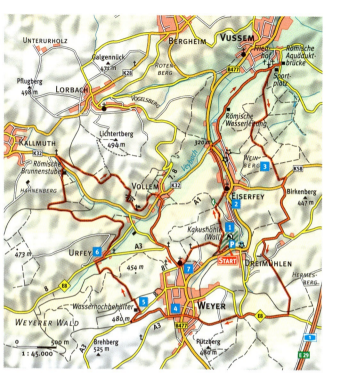

dann aber sogleich wieder bergauf führen, schlüpfen abermals durch einen niedrigen Felsdurchlass und halten uns im darauffolgenden Gewirr der Pfade immer links bergauf, bis wir schließlich auf dem Plateau oberhalb der Höhle stehen und die Aussicht auf die umliegenden Wälder genießen.

Nach der Erkundung des Plateaus kehren wir zurück zu den letzten

Treppenstufen und biegen nun nach links auf einen Pfad ab, der uns leicht bergauf führt. Bei einem kleinen Damm biegen wir rechts auf einen schmalen Pfad ab, gehen aus dem Wald heraus und nehmen dann einen Feldweg nach rechts, zunächst weiter bergab und dann auf eine kleine Kuppe. Wir gehen geradeaus an einem Wäldchen aus Eichen und jungen Buchen vorbei, dazwischen ab und zu ein Haselnussstrauch. Am Ende der Weide, die uns linker Hand begleitet, biegen wir rechts in einen asphaltierten Wirtschaftsweg ein, den wir gleich darauf bei der nächsten Kreuzung wieder verlassen, und gehen geradeaus zunächst auf einem graswachsenen Wirtschaftsweg, dann auf einem breiten Pfad

Tour 17

Immer wieder rückt die Kirche von Weyer während der Tour in unser Blickfeld

durch den Wald auf das Örtchen **Eiserfey** 2 zu.

Am Ortsbeginn gehen wir links, vorbei an der alten Schule, dem Friedhof und ein paar hübschen Fachwerkhäusern. Wir überqueren die Durchgangsstraße, gehen auf der Straße Im Wiesental weiter und biegen in die Straße Am Römerkanal links ab. Sie führt vorbei an hübsch aufgeräumten Einfamilienhäusern mit kleinen Gärten, dann an einem größeren Privatgrundstück mit eigenem Teich und Tennisplatz. Am Ende der Besiedlung – wir befinden uns jetzt auf dem **Römerkanalwanderweg** – erreichen wir einen **Aufschluss der römischen Eifelwasserleitung**.

Wir gehen weiter auf dem geteerten Wirtschaftsweg durch Wäldchen und Wiesen bis **Vussem**. Gleich beim ersten Haus des Ortes biegen wir rechts ab, weiterhin auf dem Römerkanalwanderweg, der sich den Berg hinaufschlängelt. Die erste Abzweigung nach links ignorieren wir, bei der zweiten gehen wir links und folgen dem Wanderweg zum **Friedhof**. Ein Abstecher führt rechts am Friedhof entlang hinunter zum Sportplatz und weiter zur Straße. Ein Stück nach links steht der Rest des alten **Römeraquäduktes**.

Zurück beim **Friedhof** folgen wir jetzt dem leicht ansteigenden Asphaltweg in den Wald hinein und dann durch eine offene Wiesenlandschaft immer geradeaus. Auf der ersten Anhöhe wenden wir uns nach rechts. Es geht weiter leicht bergan auf die bewaldete Kuppe zu. Am Waldrand nehmen wir den Querweg nach links (1.20 Std.) und folgen ihm in das offene Weideland hinaus in leichtem Auf und Ab langsam auf die Höhe des unbewaldeten **Weinbergs** 3 zu.

Nach der Kuppe erreichen wir das schmale Teersträßchen von Eiserfey nach Harzheim und gehen kurz rechts, dann gleich wieder links in den asphaltierten Wirtschaftsweg. Kurz vor dem ersten Wirtschaftsgebäude eines Bauernhofs biegen wir rechts in einen Feldweg ab. Wir folgen weiter der Wegnummer 7 und gehen bei der nächsten Abzweigung nach links. Hier auf den Kuppen wachsen vor allem Kiefern, dazwischen auch verschiedene Laubbäume. Rechter Hand wird der Blick

Von der Kakushöhle bei Eiserfey zum Aquädukt bei Vussem

frei auf die Kirche von Weyer, die auf einen Hügel thront. Darüber erheben sich die Denkmäler einer jüngeren Kultur – die Windkrafträder, die den Horizont für sich beanspruchen. An der Kreuzung nach der Kuppe gehen wir geradeaus weiter (hier verlassen wir den Weg Nr. 7) und erreichen schließlich die Kuppe des **Hermesberges** (2 Std.), vor uns sehen wir in einiger Entfernung die Autobahn.

Begleitet von Verkehrsgeräuschen geht es nun zügig bergab. Im Tal stoßen wir auf einen asphaltierten Wirtschaftsweg mit der Markierung A2 und dem Winkel des Eifelvereins, hier gehen wir rechts. Die sanfte Eifellandschaft mit ihren runden, von Kiefern bestandenen Kuppen erinnert hier ein wenig an die Toskana. Wir gehen bei den folgenden Wegkreuzungen immer geradeaus, passieren den Sportplatz, danach geht es ein Stück bergab. In einer Linkskurve des Weges führt geradeaus ein schmaler Pfad (Markierung A2) direkt hinunter zum kleine Dorfplatz von **Weyer** 4 (2.15 Std.).

Hier halten wir uns halblinks, gehen über die Straße »Burgring« bis zur Durchgangsstraße, geradeaus

Tour 17

über diese hinweg und dann der Straße »Kreuzweg« folgend Richtung Ortsausgang. Direkt am Ortsendeschild biegen wir rechts ab. Der Weg führt hinter den letzten Neubauten von Weyer entlang und strebt dann in einer Linkskurve endgültig vom Dorf weg, vorbei am **Wasserhochbehälter** **5**. Von hier oben schweift bei gutem Wetter der Blick bis hinüber nach Köln. Kurz darauf biegt unser Weg im spitzen Winkel rechts ab und 100 m weiter links in einen überwucherten Feldweg (A3). Am folgenden Querweg gehen wir links, 10 m weiter wieder rechts. Es geht nun geradeaus durch ein Wäldchen und dann über einen Querweg hinweg auf **Urfey** **6** (3 Std.) zu. Wir folgen dem Weg in den Ort hinein und biegen an einem Plätzchen halblinks ab. Ein Wanderweg biegt gleich darauf links von der Straße ab und führt uns aus dem Ort hinaus.

Wir gehen immer geradeaus, zunächst den Berg hinauf, dann sanft bergab. Bald begleitet uns linker Hand ein für die Eifel so typischer Buchenwald. An seinem Ende folgen wir einem Querweg nach links entlang einem Pappelwald. An seinem Ende folgen wir rechts einem asphaltierten Weg (Römerkanalwanderweg), der auf halber Höhe des Hanges verläuft. Im Tal sehen wir die Fahrstraße und einen schönen Galerie-Auenwald.

Schließlich taucht der Weg in ein Wäldchen ein. Bei einem Wohnhaus führt rechts eine kleine Holztreppe zur unterirdisch liegenden alten **Brunnenstube**, einem Teil der römischen Eifelwasserleitung (3.30 Std.).

Von dort gehen wir zur Fahrstraße und halten links auf **Kallmuth** zu. Bei der nächsten Gelegenheit biegen wir aber im spitzen Winkel nach rechts in einen Waldweg ab (Markierung 8 und Römerkanalwanderweg), auf dem wir jetzt geradeaus bergan steigen. Wir passieren eine Weidefläche mitten im Wald, den Rand eines freien Feldes und stoßen schließlich auf einen Querweg, dem wir nach rechts folgen (Nr. 8, Römerkanalwanderweg). Bei der nächsten Gabelung halten wir uns geradeaus und treten aus dem Wald hinaus. Ein Hügel lohnt einen Abstecher, von dort oben bietet sich eine wunderschöne Aussicht auf die Umgebung. Wir sehen die Kirchturmspitze von Weyer und – zur Rechten – einen Teil des zurückgelegten Wanderweges.

Zurück am Waldrand nehmen wir den steilen Pfad, der zwischen dem kleinen Fichtenwald und der Gebüschgruppe auf der linken Seite steil bergab steigt, um die Kuppe des Eulenberges herum und allmählich ins Tal. Einem schmalen Pfad nach rechts folgen wir schließlich hinunter nach **Vollem**. Im Ort führt uns die Straße Im Ersthof zur Durchgangsstraße, in die wir rechts abbiegen und dann links den **Veybach** überqueren (4 Std.). Über die Straße am Kirchenbusch geht es etwa 60 m geradeaus und bei der Gabelung rechts. Den Wanderweg A1 nach links ignorieren wir und steigen stetig auf, den Kirchturm von **Weyer** im Blick.

Im Ort **7** gehen wir an der Kirche vorbei (4.15 Std.), unmittelbar danach dann links und an der folgenden Kreuzung geradeaus in einen Feldweg hinein. Ein barockes Steinkreuz behütet den Weg. Die folgende Kreuzung nehmen wir ebenfalls geradeaus, vorbei an einem Heuschober. Am Ende einer Weide biegen wir rechts ab, kurz darauf links. Nach etwa 100 m im lichten jungen Wäldchen biegt rechts ein Treppenpfad ab, der uns zurück zu den Parkplätzen an der **Kakushöhle** **1** führt (4.30 Std.).

Tour 18

Ökogemeinde Nettersheim

Schönheiten rund um Nettersheim

Auf dem Schatz ihrer reichen römischen Ausgrabungsstätten will sich die Gemeinde Nettersheim nicht ausruhen. Gemeinde und Umland haben auch vielfältige Naturschönheiten zu bieten, die im Naturschutzzentrum und auf einem Erlebnispfad präsentiert werden.

DIE WANDERUNG IN KÜRZE

Anspruch: ++

Gehzeit: 4.30 Std.

Länge: 19 km

Charakter: Abwechslungsreiche, aber lange Wanderung auf meist gut ausgebauten Wegen; im Bereich Marmagen Asphaltsträßchen

Wanderkarte: WK 1:25 000 Nettersheim/Kall im Deutsch-Belgischen Naturpark Hohes Venn-Eifel (WK 5 des Eifelvereins)

Einkehrmöglichkeiten: In Nettersheim und Marmagen

Anfahrt: Mit dem **Auto** über die A 1 bis Ausfahrt Nettersheim, dann über die B 477 bis Nettersheim. Am Bahnhof parken. Mit der **Bahn**: RegionalExpress bis Nettersheim.

Vom Parkplatz am Bahnhof **1** von **Nettersheim** überqueren wir nach rechts zunächst die Bahngleise, dann über eine kleine Brücke die Urft. Am Ende der Brücke geht es nach rechts und ein kleines Stück die Urft entlang. Beim der nächsten Querstraße halten wir uns rechts. Zwischen mehr oder weniger stilvoll renovierten Fachwerkhäuschen geht es leicht bergauf. Bei der folgenden Wegverzweigung halten wir uns wieder rechts und nehmen die Talstraße, die uns zurück zu den Bahngleisen und an diesen links entlangführt.

Unmittelbar vor dem letzten Haus des Örtchens zweigt unser Weg nach links ab und unterquert die Talbrücke, die das Tal der Urft auf Betonstelzen überspannt. Wir wandern jetzt immer geradeaus durch offenes Wiesengelände mit vereinzelten Buschgruppen, kleinen Bäumen und Pferdekoppeln und folgen der Richtung der alten römischen Wasserleitung.

In einer kleinen Senke geht es geradeaus über eine Kreuzung hinweg. Auch bei den folgenden Gabelungen bleiben wir stets auf dem gut ausgebauten Hangweg oberhalb der Urft, die sich mal links, mal rechts der Bahnlinie durch die Talaue schlängelt. Am Hang zu unserer Linken wachsen Buchen und Lärchen. Da und dort tritt die Urft bis auf wenige Schritte an unseren Weg heran und lädt vor allem im Sommer zur Abkühlung ein.

Nach etwa 45 Min. treffen wir rechter Hand auf ein paar **Fischteiche,** gleich darauf führt rechter Hand ein kleiner Pfad an einem Fachwerkhäuschen vorbei zur **Quellfassung**

Tour 18

Grüner Pütz der alten römischen Wasserleitung. Wir folgen dem Pfad, stoßen zunächst auf einen weiteren Aufschluss der Wasserleitung und wenige Schritte später auf die rekonstruierte römische **Brunnenstube Grüner Pütz**. Beim folgenden Aufschluss sieht man, dass noch heute Wasser durch diese Leitungen fließt, allerdings nicht mehr bis Köln. Wenige Schritte hinter einem weiteren Aufschluss führt unser Pfad nun wieder auf den Hauptweg zurück **2** (1 Std.).

An der Gabelung gleich darauf biegen wir nach links in Richtung der alten römischen Straße ab. Der Weg steigt an, wir passieren eine Waldwiese. Linker Hand erheben sich mächtige Quarzitblöcke. Allmählich tritt der Wald zur Rechten immer weiter zurück und endet schließlich. Hier halten wir uns bei einer Weggabelung scharf rechts und wandern weiter bergauf. Über zwei Wegkreuzungen geht es geradaus hinweg. Schließlich tritt auch der Buchenmischwald zurück. Wir halten auf ein Buchenwäldchen zu und biegen unmittelbar davor links ab. Linker Hand breitet sich die offene Hochfläche aus, hinter einem einzelnen Hof sehen wir das Örtchen Barhaus.

Der Weg führt wieder über eine kleine Kuppe **3**, wir durchqueren einen Streifen Buchenwald und erreichen nach einem leichten Linksbogen die Landstraße L 204. Wir überqueren sie und nehmen einen schmalen Weg, der neben der Straße herläuft. Ein ganzes Stück bleiben wir parallel zur Straße. Unten im Tal hört man schon den Gillesbach rauschen. Um zu ihm zu gelangen, schwenken wir rechts in einen schmalen Pfad ein, der talwärts führt.

Im Tal halten wir uns links, erreichen die im Privatbesitz befindliche **Hallenthaler Mühle** **4** (1.30 Std.), passieren diese und laufen über eine steinerne Brücke. Dann queren wir das Tal, steigen über ein paar Naturstufen und biegen links in den Querweg ein. Kurz darauf geht es erneut links auf dem **Joseph-Schramm-Weg** Richtung Marmagen/Eifel-Sanatorium. Wir folgen dem Weg (später mit Markierung schwarzes Dreieck und Eifelsteig) ein gutes Stück durch das stille Tal. Nachdem wir das Klärwerk passiert haben, erreichen wir die Verbindungsstraße K60, die hinauf nach Wahlen führt. Wir gehen ein Stück nach links bergab. Dem Wanderweg 8 am Ausgang der Kurve folgen wir nicht, sondern erst den Markierungen 2 und Joseph-Schramm-Weg nach rechts. Es geht ein Stück bergauf, bald taucht linker Hand am Hang die Eifelklinik auf, ein wuchtiges, imposantes Gebäude, das sich nicht ganz so harmonisch in die Eifellandschaft einfügen will.

Beim nächsten Querweg gehen wir links Richtung Marmagener

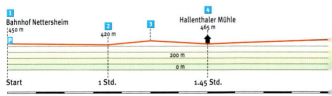

Schönheiten rund um Nettersheim

Einer der dem Matronenkult gewidmeten Weihesteine an der Görresburg

Bach. Das urwüchsige Waldstück wird Kinder und Junggebliebene zum Träumen und Versteckspielen einladen. Wir folgen nun dem Weg zur **Fuchshöhle,** die oben im Hang in einem Felsblock zu erkennen ist, wandern weiter geradeaus und passieren einen schilfbewachsenen Fischteich, der vom Marmagener Bach gespeist wird.

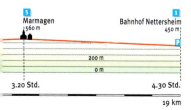

Tour 18

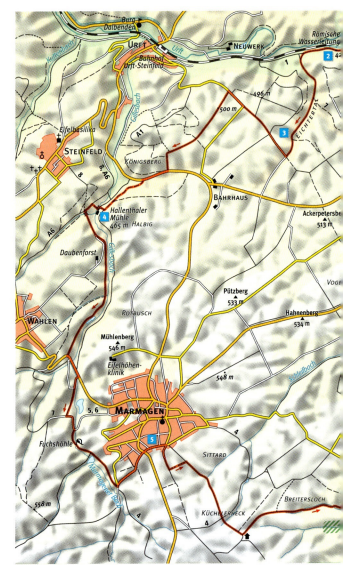

Hinter einer Schranke macht unser Weg eine scharfe Linksbiegung. Fünf Wege zweigen hier ab. Wir halten uns ein kurzes Stück nach links bergan, um an der Weggabelung gleich darauf dann rechts auf das steil ansteigende Asphaltsträßchen abzubiegen, das nach **Marmagen** 5 hinaufführt (3.20 Std.). Dem Jägerpfad folgen wir geradeaus, über-

Schönheiten rund um Nettersheim

Schramm-Weg) und verlassen die für die Eifel so typische Neubau-Siedlung mit ihren Einfamilenhäusern.

Nun biegen wir links in die Straße Sittard ab, ein Stück weiter – dort wo von links der Eichelsgarten einmündet – nehmen wir den unasphaltierten Weg nach rechts. Er geht bald in einen schmalen Pfad über, der zwischen dem Rand des jungen Tannenwaldes und einer Weideeinzäunung verläuft.

Am Ende der Weide folgen wir dem breiteren Wiesenweg geradeaus, wandern durch die nach Regenwetter feuchte Talniederung leicht bergauf und über die Kuppe hinweg. Einen ersten querenden Wanderweg des Eifelvereins (Nr. 4) ignorieren wir, erst bei der Gabelung 300 m weiter biegen wir links ab.

Nun geht es auf schottrigem Weg langsam bergab, fast 100 Höhenmeter. Im Tal erreichen wir einen Querweg und gehen nach links. Diesem Talweg folgen wir nun parallel zur Bahnlinie immer weiter geradeaus. Wer Lust hat, kann kurz vor Nettersheim einen Abstecher nach links zur alten Görresburg machen, einem römischen Tempelbezirk, oder nach rechts zum alten römischen Werkplatz Steinrütsch.

Schließlich erreichen wir die ersten Häuser von **Nettersheim**. Straße, Schienen und Bach laufen nun ganz eng nebeneinander her. Bei einer Gabelung überqueren wir die Urft nach rechts und biegen dann links ab Richtung Naturschutzzentrum. Über eine Holzbrücke geht es noch einmal über die Urft, wenig später stehen wir wieder an der Hauptstraße, gehen nach rechts über die Brücke und haben den Parkplatz am **Bahnhof** 1 von **Nettersheim** erreicht (4.30 Std.).

queren die Durchgangsstraße und bleiben auf der Straße – jetzt Finkenweg –, bis links die Buschgasse einmündet. Hier gehen wir rechts auf den Cervusknopp (Joseph-

Tour 19

Römer, Römer, Römer ...

Rund um den Engelgauer Wald

Die nähere Umgebung von Nettersheim ist voller archäologischer Fundstätten: Reste der römischen Wasserleitung, Matronentempel, Werkplatz Steinrütsch und vieles mehr. Auch draußen in Wald und Flur haben wir römische Hinterlassenschaften unter den Füßen.

DIE WANDERUNG IN KÜRZE

Anspruch: ++

Gehzeit: 4.30 Std.

Länge: 19 km

Charakter: Abwechslungsreiche Wanderung auf unterschiedlichsten Wegen, stellenweise auf dem Eifelsteig, nach Regen kann es hier morastig sein

Wanderkarte: 1:25 000 Nettersheim/Kall (WK 5 des Eifelvereins)

Einkehrmöglichkeit: In Nettersheim

Anfahrt: Mit dem **Auto**: Auf der A 4 bis Kreuz Köln-West, weiter auf die A 1 bis Ausfahrt Nettersheim, der Bundesstraße bis Nettersheim und dort der Ausschilderung zum Bahnhof folgen. Hier befindet sich auch ein Parkplatz. Mit der **Bahn**: Mit dem RegionalExpress regelmäßige Verbindung nach Nettersheim.

Vom **Bahnhof** 1 in **Nettersheim** überqueren wir zuerst die Gleise und dann die Urft und folgen gleich nach der Brücke dem Hinweisschild Naturschutzzentrum nach links auf einem schmalen Pflasterweg direkt am Fluss. Wir wechseln noch einmal aufs andere Ufer und erreichen die Wiese, die zum Naturschutzzentrum gehört. Das hier ausgestellte Stück einer alten römischen Wasserleitung wurde allerdings nicht hier gefunden, sondern in der Nähe von Breitenbenden.

Weiter geht es an der Urft entlang bis zum **Naturschutzzentrum**. Dieses informiert anschaulich und unterhaltsam über die verschiedenen Aspekte von Naturschutz und Naturerleben in der Eifel.

Wir gehen weiter geradeaus und dann wiederum rechts über die Urft-Brücke, wo wir dem Wegweiser zum römischen Tempel folgen. Der **Tem-**

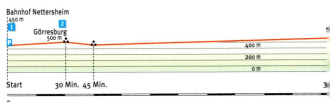

Rund um den Engelgauer Wald

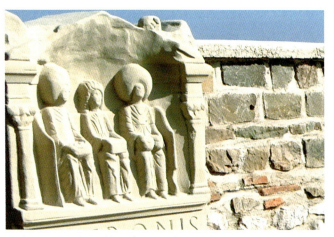

Die drei Göttinnen sind Teil der Kultstätte an der Görresburg

pelbezirk liegt auf einem Hügel und umfasst die Überreste der römischen **Tempelanlage Görresburg** 2 (30 Min.). Es handelt sich um eine gallo-römische Anlage, die sich oberhalb einer ehemaligen römischen Siedlung befindet. Diese Siedlung ist erst bei jüngeren Untersuchungen entdeckt worden und wird zurzeit archäologisch gesichert.

Wir gehen zurück und folgen nun dem Wegweiser zum Steinrütsch. Es geht über die Bahngleise und dann über die Urft zum Fundplatz **Steinrütsch** (45 Min.). Der Platz erinnert an einen Steinbruch, es gibt aber auch Hinweise auf Metallverarbeitung. Eine Tafel informiert über die Verteilung von Land und Meer vor 375 Mio. Jahren im Unterdevon. Über die Wiese gelangen wir zu einer Replik eines alten Meilensteins, der hier in der Nähe bei Bachbegradigungs- und Gleisbauarbeiten gefunden wurde. Nach der Besichtigung gehen wir zum asphaltierten Weg zurück und biegen nach rechts. Die Urft im Rücken, stoßen wir kurz darauf auf eine Weggabelung, an der wir uns rechts halten. Wiederum gabelt sich der Weg, wiederum halten wir uns rechts und verlassen den Erlebnispfad.

Es geht weiterhin, allerdings in etwas größerem Abstand, parallel zur Urft, bald durch den Wald oberhalb

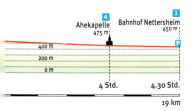

Tour 19

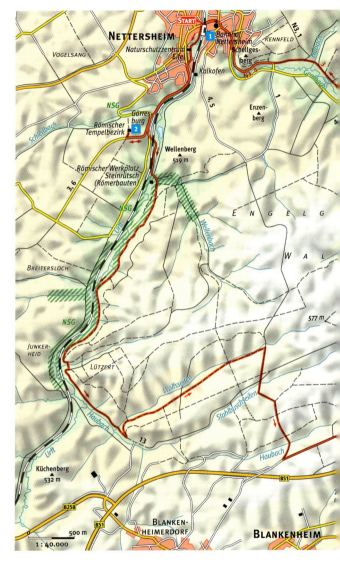

der Urft-Auen. Schließlich senkt sich der Weg wieder sanft zum Fluss hinunter und biegt in ein Seitental ein (1.15 Std.). In der Wegbiegung führt ein Steig einen kleinen Hang hinauf (Eifelsteig). Am gegenüberliegenden Hang stoßen wir auf einen schmalen Waldweg, dem wir nach rechts folgen. Er führt über einen Sporn, der sich über der Urft erhebt, und dann wieder ein Stück zur Urft hin und weiter durchs Tal.

Rund um den Engelgauer Wald

Hügel Höfe und Häuser. Die Bahnlinie verlässt das Tal in einer weiten Kehre nach Westen.

Unser Weg durchquert noch einmal ein Wäldchen und mündet dann in einen Querweg, in den wir scharf nach links einbiegen. In einer Rechtskurve führt dieser wieder auf ein Wäldchen zu. Am Waldrand gabelt er sich, wir halten uns rechts und folgen dem Weg immer geradeaus, an einem Hochsitz vorbei, durch dichtes, junges Nadelgehölz, vorüber an Schneisen, die den Blick in das Wiesentälchen freigeben.

Schließlich endet unser Weg an einem Querweg, hier biegen wir nach rechts, passieren in der Talsenke einen Querweg (2 Std.) und gehen geradeaus weiter, an der nächsten Weggabelung rechts.

Ein gutes Stück nachdem wir den Wald wieder verlassen haben (den Abzweig des Eifelsteiges nach links ein Stück vorher ignorieren wir), mündet der Weg schließlich an einem Hang auf einen asphaltierten Querweg, hier biegen wir scharf nach links ab (Markierung 14). Sobald auch dieser Weg an einem Querweg endet, gehen wir links (Markierung mit Jakobsmuschel). Wir befinden uns jetzt auf einem alten Römerweg, allerdings weisen keinerlei Relikte darauf hin. Es geht nun abwechselnd durch jungen Nadel- und Laubwald, unterbrochen von Windbruchflächen 3, Schritt für Schritt entfernen wir uns von der geräuschvollen Bundesstraße. Wir passieren zwei Wochenendhäuser und erreichen schließlich eine Wegkreuzung. Hier folgen wir dem Fahrradwegweiser Richtung Bad Münstereifel und Frohngau, weiterhin auf der alten Römerstraße geradeaus. Eine **Brücke** (3.15 Std.) mit eisernem Geländer führt uns über den Genf-

Man sieht hier immer noch die großen Windbruch-Schäden, die die Orkane der 90er-Jahre verursacht haben. Bald aber tritt die spärliche Bewaldung rechter Hand wieder zurück, und wir sehen vor uns auf dem

bach, ein Kreuz erinnert an dieser Stelle an den Förster August Warmer. Am anderen Ufer geht es links ab, weiter am Bach entlang Richtung Nettersheim.

Wir bleiben in der Nähe des Baches, überqueren einen Seitenbach, stoßen auf einen Querweg, gehen hier links. Noch einmal geht es über den Genfbach, dahinter halten wir uns rechts. An der höchsten Stelle dieses Weges wird der Blick frei auf die rechts in den Wiesen- und Weidegründen liegende **Ahekapelle** 4 (4 Std.), die wir über ein Sträßlein erreichen, das nach rechts abbiegt. Vor der Kapelle wenden wir uns nach links und wandern nun durch das Naturschutzgebiet Genfbachtal, immer in der Nähe des Baches bleibend. Die Waldhänge zu beiden Seiten werden steiler und rücken näher an die Talsohle heran.

Schließlich erreichen wir **Nettersheim**. Wir überqueren den Bach noch einmal nach links, folgen der Martinusstraße nach rechts, biegen an der nächsten Ecke noch einmal links ab und stehen am Kirchberg. Wir gehen hügelabwärts ins Zentrum und erreichen den **Bahnhof** 1 (4.30 Std.).

Die Görresburg

Wer unter diesem Namen eine mittelalterliche Burganlage erwartet, wird überrascht sein. Stattdessen findet er die Reste einer gallo-römischen Tempelanlage. Aber auch die Römer waren nicht die ersten, die den Kult zelebrierten. Vielmehr setzte der römische Kult auf einem noch älteren keltischen Matronenkult auf. Belege dafür sind die Dreizahl, in der die Göttinnen dargestellt werden, und die auffallend reiche Fruchtbarkeits- und Schutzsymbolik.

Selbst heute finden diese Muttergottheiten immer wieder VerehrerInnen, wie man an frisch abgelegten Blumensträußen und Früchten feststellen kann.

Von der kleinen Ahekapelle ist es nicht mehr weit bis zum Ziel in Nettersheim

Tour

Über Berg und Tal

Von Schleiden nach Dreiborn und über die Olefer Hardt

Camper wissen die Schönheiten des Schleidener Tales schon lange zu schätzen. Wir aber wollen höher hinaus und lernen dabei das bäuerlich geprägte Umland mit all seinen Reizen kennen.

DIE WANDERUNG IN KÜRZE

++ Anspruch	**Charakter:** Abwechslungsreiche Wanderung auf meist gut ausgebauten Wald- und Feldwegen	**Anfahrt:** Mit dem **Auto:** Auf der A 1 bis Ausfahrt Schleiden und weiter auf der B 266 bis Gemünd. Dort im Ort an der großen Kreuzung links Richtung Schleiden und dort im Zentrum parken. Mit der **Bahn:** RegionalExpress bis Kall, von dort mit dem Bus 829 Richtung Hellenthal bis Schleiden Bhf.
4 Std. Gehzeit	**Wanderkarte:** WK 1:25 000 Schleiden/Gemünd im Deutsch-Belgischen Naturpark Hohes Venn-Eifel (WK 4 des Eifelvereins)	
16 km Länge	**Einkehrmöglichkeiten:** In Schleiden	

In der kleinen Fußgängerpassage im Zentrum 1 von **Schleiden** orientieren wir uns Richtung Schloss und Ehrenfriedhof. Das Schloss lassen wir links liegen und gehen gehen auch an der folgenden Weggabelung weiter geradeaus aus Schleiden hinaus. Hinter dem städtischen Friedhof passieren wir den Ehrenfriedhof. Ohne große Höhenänderung verläuft unser Weg im Wald ein ganzes Stück geradeaus. Unten im Tal reiht sich ein Campingplatz an den nächsten. Zwei Wegabzweigungen nach links ignorieren wir, durchqueren ein freies Wiesengelände und dann einen kleinen Nadelwald, passieren einen Campingplatz. An dessen Ende stoßen wir auf einen asphaltierten Weg, gehen ein paar Schritte nach rechts und nehmen dann den ersten der beiden links abzweigenden Wege (Wegzeichen Nr. 11 Richtung Haperscheidt).

Wir laufen parallel zu einem kleinen Bachlauf. Dort wo dieser den Weg unterquert, biegen bei der Weggabelung scharf rechts ab. An der Bundesstraße gehen wir ein Stück nach links, überqueren sie und biegen auf den **Parkplatz** 2 rechts ein (1 Std.).

Hier geht ein Wiesenweg ab, dem wir nach links parallel zur Bundesstraße folgen. Bei der folgenden Weggabelung gehen wir rechts, leicht bergab und bleiben im Folgenden immer auf diesem Weg. Vor uns auf dem Hügel sehen wir bald die Häuser von Dreiborn. Wir wandern über eine Kreuzung hinweg, vorbei an Weiden, wieder auf ein Wäldchen zu. Unmittelbar davor biegen wir dann rechts auf den Weg ab, der den Berg hinunterführt. Etwas oberhalb des Talgrunds passieren wir ein paar Fischteiche, gehen an der folgenden Gabelung am Beginn

Tour 20

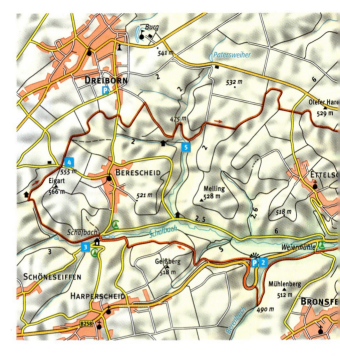

des Campingplatzes rechts weiter talabwärts und schließlich links ein klein wenig über das Campinggelände bis zum ehemaligen Restaurant **Schafbachmühle** 3 (1.30 Std).

Hier kreuzen sich mehrere Wege; wir nehmen den rechten, der zunächst am Bach entlangführt, dann aber ganz allmählich den Talhang hinaufsteigt. Wir folgen dem Weg beim nächsten Abzweig in einer Linkskurve Richtung Berescheid nach rechts, vorbei an der **Schutzhütte Katzensief**. Am Waldrand entlang geht es bergan, über die schmale Fahrstraße 4 von Berescheid zur L 207 hinweg. Vor uns auf dem Hügel sehen wir wieder Dreiborn; rechts, fast hinter der Kuppe, liegt Berescheid.

Wir gehen hinunter in eine kleine Talmulde und geradeaus weiter, unterhalb des Sportplatzes an einer Bank nach rechts und dann über die Straße. Unser Weg macht eine groß-

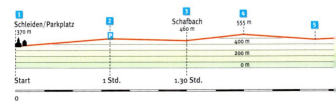

Von Schleiden nach Dreiborn und über die Olefer Hardt

zügige Linkskurve, läuft dann auf ein asphaltiertes Sträßchen zu, auf das wir nach rechts einbiegen. Von der Kuppe aus hat man noch einmal Gelegenheit, den Blick über die umliegenden Höhen schweifen zu lassen, bevor es wieder hinunter ins Tal geht. Kurz vor dem Talgrund gabelt sich der Weg, wir bleiben nach wie vor geradeaus, passieren eine Talmulde **5** und erreichen nach einer weiten Rechtskurve unseres Weges schließ-

lich auf Asphalt eine weitere Weggabelung. Hier geht es links auf Asphalt relativ steil bergauf. Am Waldrand folgen wr dem Rechtsbogen, bei der gleich darauffolgenden Kreuzung gehen wir stur geradeaus.

Der Weg über die Kuppe führt uns durch offenes Wiesen- und Ackerland. Etwa 300 m bevor wir die Straße erreichen, biegen wir bei einer Weggabelung rechts in einen mit Büschen und Hecken gesäumten Weg ab. Nach etwas mehr als fünf Minuten führt linker Hand ein Weg aus dem Heckengelände heraus. Wir queren die Fahrstraße nach Ettelscheid. Etwa 150 m weiter halten wir uns links. Wir passieren ein Wäldchen, durchqueren zwei Senken, gehen dann an der ersten Wegverzweigung links und überqueren die K 66 **6**. Bei der folgenden Wegkreuzung biegen wir rechts ab und halten dann immer geradeaus auf **Scheuren** **7** zu (3.45 Std.).

Kurz vor den ersten Häusern des Ortes biegen wir links ab und wandern in etwa parallel zum Hang auf ein Holzhaus zu. Hier biegen wir rechts ab und halten uns geradeaus bis zur letzten Abzweigmöglichkeit vor der Hauptstraße. Hier, bei einem hölzernen Kreuz, biegen wir links ab (Zeichen 21). Bei einer Scheune nehmen wir den unbefestigten Weg geradeaus weiter bergab. Bald liegt Schleiden vor uns im Tal. Wir folgen dem Weg 6 bei einer Bank nach links durch einen steinigen, ausgewaschen Hohlweg weiter bergab, vorbei an einer mächtigen Weide und zwei großen alten Eichen. Bald haben wir die ersten Häuser von **Schleiden** erreicht.

Beim Haus Nr. 4 bleiben wir links, erreichen die B 258, der wir nach links in den Ort hinein folgen, biegen noch vor der großen Kreuzung nach rechts und erreichen das **Ortszentrum** **1** von **Schleiden** (4 Std.).

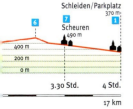

Tour

Von Burg zu Burg

Von Reifferscheid nach Wildenburg

Eine Tour mit vielen Höhen und Tiefen: kleine ruhige Dörfchen auf sonnenbeschienenen Höhen, gemächliche Bäche in breiten Talauen. Ein stetes Auf und Ab mit lohnenden Weitblicken, und jedes Mal lockt ein anderes Panorama.

DIE WANDERUNG IN KÜRZE

++
Anspruch

Charakter: Abwechslungsreiche Tour auf meist guten Wegen, kurzer steiler Anstieg vor Wildenburg

3.30 Std.
Gehzeit

Wanderkarte: WK 1:25 000 Hellenthal (WK 14 des Eifelvereins)

Einkehrmöglichkeiten: In Reifferscheid und Wildenburg

17 km
Länge

Anfahrt: Mit dem **Auto:** Über die A 1 bis Autobahnende Blankenheim, dann auf die Strecke Blankenheim–Trier. Ab Abfahrt Blankenheim auf der B 51 Richtung Trier bis zur Abfahrt Aachen, Schleiden, Blankenheimer Dorf, auf der B 258 weiter über Schmidtheim nach Krekel, kurz hinter Krekel links ab Richtung Reifferscheid. Über Benenberg, Wildenburg und Wiesen bis zur Kreuzung der L 17 und rechts Richtung Reifferscheid. Im Ort ist direkt links ein Parkplatz ausgewiesen. Mit **Bus & Bahn** nur schlecht zu erreichen: Mit dem RegionalExpress bis Kall, dort Bus 829 Richtung Hellenthal bis Blumenthal, Ortsmitte, von dort mit dem Anruf-Sammeltaxi bis Reifferscheid. Sonntags keine Verbindung.

Vom Parkplatz **1** in **Reifferscheid** aus gehen wir zunächst zum Burgberg hinauf, auf dem sorgfältig restaurierte alte Fachwerkhäuser, die Kirche und die alte **Burganlage** zu besichtigen sind. Vom Turm der Burg bietet sich eine schöne Aussicht über Reifferscheid und das Tal.

Wir gehen zurück zum Platz vor dem Burgtor und nehmen den ers-

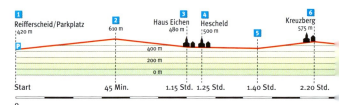

Von Reifferscheid nach Wildenburg

ten Weg links. Wir wandern zum Talgrund hinunter, passieren eine kleine Pferdeweide, überqueren den Reinzelbach und wenden uns bei der Wegkreuzung nach rechts. Der Wirtschaftsweg folgt zunächst dem Bachlauf fast unmerklich bergan und wechselt bald auf die andere Seite. Abzweigungen kümmern uns nicht, bis wir zu einer Wegkreuzung mit Bank kommen. Hier nehmen wir den Weg nach links hinauf. Er führt in leichten Serpentinen durch einen kleinen Mischwald und erreicht dann **Oberreifferscheid**.

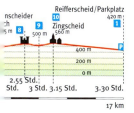

Wir gehen bis zur Durchgangsstraße und biegen rechts ab. Am Ortsende gehen wir geradeaus weiter auf eine Kuppe zu. Der Blick über Täler und Höhen wird immer weiter. Kurz vor einer Scheune biegen wir links auf einen geschotterten Weg ab, der direkt auf die Windkraftanlage zuzuführen scheint, aber dann doch in einer Linkskurve daran vorbei und auf eine Kuppe 2 führt. Überall am Horizont drehen sich die Windräder, die mittlerweile das Landschaftsbild der Eifel so nachhaltig prägen.

Wir folgen dem Schotterweg bis zu einem Mobilfunksendemast, hinter dem wir auf ein Quersträßchen links abbiegen und nach **Hahnenberg** hinunterwandern. Wir gehen aber nicht nach rechts in den Ort hinein, sondern biegen nach links ab. Die Straße macht einen leichten Linksbogen, gleich darauf einen

Tour 21

Der historische Kern von Reifferscheid liegt malerisch auf einem Hügel

zweiten. In dieser Linkskurve biegt rechts ein asphaltierter Weg ab, dem wir folgen. Wir durchqueren einen jungen Laubwald, kreuzen ein Bächlein und wandern zwischen Kuhweiden weiter bergab auf die Häuser von **Haus Eichen** 3 zu.

Wir treffen auf ein Querstäßchen, das links Richtung Reifferscheid führt, hier gehen wir aber rechts und folgen der Fahrstraße leicht bergan Richtung **Hescheld** 4. Im Ort zweigt nach links ein Asphaltweg ab (ohne Markierung – nicht der erste in der Rechtskurve), der uns wieder hinausführt. **Sieberath** ist das nächste Örtchen, das wir passieren: Am Durchgangssträßchen links bergab bis zur Straße Reifferscheid–Berk und darüber hinweg. Hinter dem Sportplatz und der Brücke 5 über den Bach nehmen wir den **Willy-Bordus-Weg** nach rechts. Er führt uns nach **Kradenhövel** hinein und weiter zu einer Wegkreuzung, wo wir dem Asphaltsträßchen nach links steil bergauf folgen. Oben halten wir uns wieder links und verlassen den Ort geradeaus, weiter ansteigend, bis wir auf der Höhe der Kuppe, bei den stählernen Masten einer Überlandleitung, wieder auf eine Wegkreuzung treffen und rechts gehen. Ohne wesentlich an Höhe zu verlieren, gehen wir nun durch Wiesen, vorbei an den Resten eines alten Bunkers, an der nächsten Kreuzung halten wir uns links Richtung **Linden** und dann weiter nach **Unterschömbach**.

Wir folgen der Kreisstraße kurz nach rechts und nehmen hinter dem ersten Haus, in der Rechtskurve, den Weg nach links hinunter über den Bach. Hier halten wir uns wieder links. 30 m weiter zweigt rechts ein schmaler Weg ab, der mäßig steil neben einer Wasserrinne im Nadelwald bergan führt. Ihm folgen wir. Er wird nach einiger Zeit breiter und führt dann zwischen Wiesen und Weiden auf das nächste Eifeldörfchen zu. Am Ortsrand von **Kreuzberg** 6 (2.20 Std.) nehmen wir vor einer Hecke einen Querweg nach links, bis wir auf eine Querstraße treffen; hier links und weiter durch den Ort. Dort wo die Straße nach Reifferscheid abbiegt, gehen wir weiter geradeaus. Voraus sehen wir die Burg von Wildenburg. Erst außerhalb nehmen wir bei einer Weggabelung die linke Abzweigung.

Der Weg schlängelt sich weiter bergab zwischen Wiesen und Schutthügeln. Immer wieder öffnet sich der Blick auf eine der zahllosen kleinen Ortschaften, schauen Kirchturmspitzen über die Kuppen. Schließlich stehen wir wieder an einem Querweg und halten uns rechts. Es geht in einem weiten Linksbogen halbwegs um eine grüne Kuppe herum, beim nächsten Weg gehen wir rechts. Wir

Von Reifferscheid nach Wildenburg

überqueren einen kleinen Bach und erreichen einen Fünf-Wege-Stern. Hier halten wir uns rechts, nehmen aber von den beiden dort abzweigenden Wegen den linken. Er führt hinein in das grüne Tal des **Manscheider Bachs** 7 (2.45 Std.).

Wir gehen über die Brücke, wenden uns nach links und folgen dann rechts einem schmalen Pfad steil bergauf (Eifelsteig). Er führt direkt zum Ortsbeginn von **Wildenburg** 8. Wir folgen der Durchgangsstraße Richtung Reifferscheid bergab. An einer möglichst übersichtlichen Stelle wechseln wir auf die rechte Straßenseite und gelangen im Scheitelpunkt der ersten scharfen Linkskurve an einen Abzweig nach rechts, dem wir folgen (Eifelsteig, Zingscheid, Reifferscheid). An der nächsten Gabelung bleiben wir auf dem Asphaltweg und wandern nach einer Senke 9 durch Laub- und Nadelwald bergauf.

Schließlich treten wir aus dem Wald hinaus und blicken wieder auf die Windkraftanlage vom Beginn der Tour. Einen asphaltierten Querweg nehmen wir nach links, 50 m weiter wieder nach rechts und erreichen die ersten Häuser von **Zingscheid** 10 (3.15 Std.). Wir überqueren ein Sträßchen, biegen am nächsten Querweg rechts ab und sehen schon bald Reifferscheid unter uns liegen. Wir gehen weiter bis zur Fahrstraße, dort links bergab und verlassen das Örtchen.

Kurz hinter dem Ort, vor der ersten Linkskurve, biegt rechts ein schmaler Pfad ins Gebüsch, der die Straßenkurve abkürzt. Auch die folgende Serpentine lässt sich so abschneiden. Auf diese Weise erreichen wir schnell das Ortsschild von **Reifferscheid.** Wir wenden uns auf der L 203 nach links und biegen unmittelbar vor der Brücke rechts in die Liebfrauenstraße ein. Am Ende der Straße führt ein Fußweg zur Landstraße Hallschlag–Schleiden, auf der anderen Straßenseite erreichen wir, vorbei am Gelände eines Busunternehmens, wieder den **Parkplatz** 1 (3.30 Std.).

Tour

Im Rescheider Bleirevier

Von Rescheid durch den Kronenburger Wald

Rescheid, oberhalb der Grube Wohlfahrt gelegen, ist Ausgangspunkt der Wanderung. Am Besucherbergwerk vorbei geht es hinauf zum weithin sichtbaren Fernsehumsetzer und von dort durch ausgedehnte Wälder der Westeifel.

DIE WANDERUNG IN KÜRZE

Anspruch: ++

Gehzeit: 3 Std.

Länge: 13 km

Charakter: Wenig anstrengende Wanderung auf unterschiedlichsten Wegen, zwei konditionsfördernde Steigungen zu Beginn

Wanderkarte: WK 1:25 000 Hellenthal (WK 14 des Eifelvereins)

Einkehrmöglichkeiten: In Rescheid, Neuhaus und Schnorrenberg

Anfahrt: Mit dem **Auto:** Über die A 1 bis zum Autobahnende bei Blankenheim, hier rechts Richtung Blankenheim, dann auf der B 51 Richtung Trier/Stadtkyll bis kurz hinter die Abfahrt Dahlem/Dahlemer Binz. Ein kleines Stück weiter rechts etwa 8–9 km der Straße nach Udenbreth folgen bis zu einem Kreisverkehr, hier rechts nach Rescheid, dort im Ortszentrum in der Nähe des Friedhofs parken.

Wir beginnen die Wanderung in **Rescheid** 1 und gehen, der Fahrtrichtung folgend, in den Ort, rechts zur Kirche hinunter und rechts an ihr vorbei. Wir folgen der Straße und biegen in die erste Straße ab (Rescheid 71–76). Die Straße führt uns aus dem Ort hinaus und mündet schließlich auf die Straße nach Hellenthal.

Wir gehen ein Stück nach links und biegen beim Buswartehäuschen nach rechts ab in ein Sträßchen, das weiter talwärts führt. Direkt nach dem Schild »Grube Wohlfahrt« 2 geht es rechts auf einem breiten Pfad weiter den Berg hinunter (Markierung Schnecke). Auf der anderen Talseite steigt der mit Gras überwachsene Weg wieder steil an bis zu einem Wäldchen, an dessen Rand wir uns links halten, an der folgenden Wegkreuzung ebenfalls links. Hier auf der

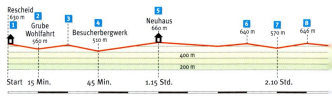

Von Rescheid durch den Kronenburger Wald

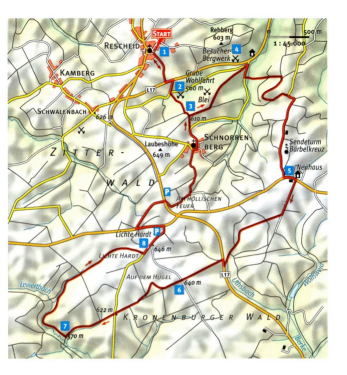

freien Hochfläche 3 geht es nun für ein ganzes Stück geradeaus. Linker Hand auf der Hügelkuppe, neben dem Örtchen Rescheid, erhebt sich eine ganze Anzahl von Windrädern.

Wir passieren Station 24 des geologisch/montan-historischen Lehrpfades der Gemeinde Hellenthal, gehen noch wenige Schritte weiter geradeaus und biegen dann, am Beginn einer Weide, an einer Weggabelung nach links ab. Wir wandern geradeaus bergab, erreichen bald den Wald und dann auch den Talboden. Hier treffen wir wieder auf ein Sträßchen. Es mündet links auf die Straße 4 nach Hellenthal, wir halten uns aber rechts und wandern durch die Wiesen.

Kurz bevor der Wald anfängt, biegen wir links auf einen schmalen Weg ab (Markierung Schnecke). Wir bleiben auf der etwas undeutlicheren Wegspur links. Bei der Gabelung nach der Forstschranke wählen wir den rechts steil bergan führenden Pfad. In den Querweg auf etwa halber Höhe des Hanges biegen wir rechts ab und wandern nun vorläufig eben dahin. An einer Gabelung halten wir uns links auf dem mit Ginster zugewachsenen Weg und passieren gleich darauf eine weitere Station des Lehrpfads, später eine Forstschranke und

Tour 22

gehen weiter geradeaus bis zu einem Asphaltsträßchen, dem wir rechts auf die Hügelkuppe folgen, auf der der Betonturm eines **Fernsehverstärkers** in den Himmel ragt (1 Std.).

Wir gehen weiter geradeaus, langsam ansteigend. Die Wochenendhäuser, an denen wir vorbeikommen, gehören schon zur Ortschaft **Neuhaus** 5 (1.15 Std.). Schließlich erreichen wir die Landstraße 110. Wir gehen neben ihr ein Stück nach links bis zum ehemaligen Gasthaus Im Waldwinkel und biegen dort rechts auf den geschotterten Waldweg ab. Er führt uns fast schnurgerade durch hochstämmigen Nadelwald. Nach etwa einem halben Kilometer zweigt rechts im stumpfen Winkel ein fast ebenso breiter Weg ab, diesem folgen wir, auch über eine Wegkreuzung hinweg. Nach einer Linkskurve geht es wieder deutlich bergab, hinunter zur Landstraße L 17 (1.45 Std.). Wir gehen 30 m nach rechts, überqueren die Straße und nehmen den Weg, der im rechten Winkel von der Straße wegführt. Noch einmal führt der Weg für ein paar Minuten bergauf 6, dann geht es für ein ganzes Stück weiter geradeaus durch den Wald bergab. Nach einigen Kurven und leichtem Auf und Ab tritt dann der Nadelhochwald allmählich zurück, wird jünger und lichter. Kurz bevor wir den Talboden erreichen, treffen wir auf einen Querweg 7, auf den wir nach rechts abbiegen.

Wir wandern für eine geraume Zeit durch das Tal, das allmählich etwas enger wird. Nach einer Schneise rechter Hand stoßen wir auf einen breiten Querweg und biegen links ab. Bei der folgenden Weggabelung gehen wir geradeaus, beim nächsten Querweg halten wir uns links 8 und passieren einen Wanderparkplatz. Wir laufen jetzt auf die Landstraße 110 zu. Auf ihr gehen wir etwa 200 Meter nach links, biegen rechts ab und wandern jetzt durch offenes Wiesengelände mit ein paar Büschen am Weg. Die Landstraße 17 überqueren wir ebenfalls und biegen mit dem Asphaltsträßchen unmittelbar nach rechts ab. »Im höllischen Feuer« heißt dieses Stück Weg, das fast idyllisch zwischen Büschen und Bäumen leicht bergab führt.

Wir treffen auf eine Wegkreuzung und nehmen dort den geschotterten Weg nach links. Er schlängelt sich zwischen Weideflächen auf **Schnorrenberg** zu. An der Durchgangsstraße halten wir uns rechts, biegen gleich darauf links ab, gehen am winzigen Kirchlein vorbei und halten uns an der gleich darauffolgenden Wegkreuzung ebenfalls links, am Friedhof vorbei. Bei der nächsten Gabelung schon außerhalb des Ortes bleiben wir geradeaus und folgen nun dem vom Beginn der Tour bekannten Weg zurück nach **Rescheid** (3 Std.).

Ginster hat den Wanderweg fast überwuchert

Tour 23

Vergangene Berühmtheiten

Kronenburg und das obere Kylltal

Goldfarbene Lavaerde, eine gut erhaltene mittelalterliche Stadtanlage, der einst größte Windpark der Eifel – das sind die markanten Punkte dieser Wanderung. Daneben passieren wir noch das Örtchen Hallschlag, das auch heute noch in den Schlagzeilen auftaucht.

DIE WANDERUNG IN KÜRZE

Anspruch: +

Gehzeit: 3.30 Std.

Länge: 14 km

Charakter: Einfache Wanderung über breite, gut ausgebaute Wanderwege und Asphaltstraßen. Lediglich im Bereich des Kronenburger Burgberges über schmale, steile Pfade.

Wanderkarte: WK 1:25 000 Ferienregion Oberes Kylltal (WK 15 des Eifelvereins)

Einkehrmöglichkeit: Nur in Kronenburg

Anfahrt: Mit dem **Auto**: Über die A 1 bis Autobahnende, dort auf die B 51 Richtung Trier bis Ausfahrt Aachen, Stadtkyll, Kronenburg, auf der B 421 bis Kronenburg. Im Ort links Richtung Parkplätze; vor der Brücke über die Kyll rechts auf den Wanderparkplatz. Mit der **Bahn**: RegionalExpress bis Dahlem (Eifel), von dort mit dem Anruf-Linien-Taxi bis Kronenburg.

Unsere Wanderung beginnt auf dem Wanderparkplatz 1 von **Kronenburg.** Wir gehen über die Kyllbrücke und weiter geradeaus den Neuen Weg entlang bis zum Binzertweg, dort halbrechts bergauf. In der ersten scharfen Rechtskurve nehmen wir geradeaus eine schmale Holzbrücke über die Trasse der ehemaligen Kylltaleisenbahn, dahinter halten wir uns links und verlassen den Ort. Linker Hand öffnet sich der Blick über das Kylltal bis hin zur Talbrücke der B 51.

Wir wandern auf dem von Büschen und Bäumen gesäumten Weg, bei der nächsten Gabelung rechts in eine kurze Eichenallee. Rechts erscheint jetzt am gegenüberliegenden Hang die mittelalterliche Anlage von Kronenburg mit der Burgruine im Zentrum. Am Waldrand endet der Asphalt. Auf dem gut befestigten Forstwirtschaftsweg geht es nun für einige Zeit durch eine Fichtenschonung.

Wir bleiben auf dem Hauptweg, zunächst noch bergauf, dann eben durch den Fichtenwald. Bei einer Wegkreuzung hinter einer Wiese halten wir uns rechts und verlassen den Wald. Zwischen Weideland und Gebüsch geht es einen halben Kilometer fast ohne Höhenunterschiede oder Kurven geradeaus. Ein schmales asphaltiertes Sträßchen überqueren wir in gerader Flucht. Hier oben auf der Hochfläche beginnt schon die Schnee-Eifel, ein eher unwirtlicher und karger Landstrich, der über weite Strecken mit Wald bestanden ist.

Tour 23

Schließlich tritt unser Weg wieder in den Wald ein und trifft bald auf die wenig befahrene Verbindungsstraße Ormont–Kerschenbach. Auf ihr gehen wir rechts und überqueren dort, wo der Buchenwald endet, die Landesgrenze zwischen Rheinland-Pfalz und Nordrhein-Westfalen.

Sobald wir aus dem Wald heraustreten, sehen wir die ersten Rotoren der **Windkraftanlage Ormonter Goldberg.** Diese Anlage war nach ihrer Fertigstellung 1991 die größte ihrer Art in der Eifel. Wir gehen weiter bergan und erreichen etwa auf der Höhe der ersten Abraumhalden der **Lavagrube Goldberg** den mit 612 m höchsten Punkt 2 unserer Wanderung.

Wir bleiben auf der Fahrstraße, die uns geradeaus mit mäßigem Gefälle bergab führt. Etwa auf halbem Weg ins Tal der Taubkyll befindet sich links die Zufahrt zur Lavagrube. Selbst vom versperrten Eingangstor aus kann man erkennen, woher der Name Goldberg kommt: Die am Goldberg, dem westlichsten Vulkan der Vulkaneifel, abgebaute Lava schimmert in allen Braun- und Gelbtönen.

Wir gehen weiter ins Tal, passieren das Wiegehäuschen der Lavagrube und nehmen noch vor Erreichen des Talgrunds 3 den ersten von zwei nach rechts abzweigenden Wegen. Er geht in einen ebenen Wiesenweg über, der zwischen der Taubkyll und einer bewaldeten Kuppe Richtung Hallschlag verläuft. Am Wegrand ragen noch, überwuchert, von Moos und Erde bedeckt, Reste einer alten Bunkeranlage aus dem Boden, Teil des berüchtigten Westwalls, den das Naziregime in den 1930er-Jahren bauen ließ.

Wir bleiben jetzt immer auf dem parallel zum Bach verlaufenden Hauptweg. Nach einem guten Kilometer treten wir schließlich aus dem Wald heraus, überqueren ein Asphaltsträßchen und tauchen wieder in den Wald ein. Schließlich erreichen wir, kurz vor einer **Schutzhütte**, eine Weggabelung, hier gehen wir halbrechts weiter bergan. Wir halten die Richtung, bis wir an einer deutlichen Weggabelung stehen. Hier folgen wir dem – später asphaltierten – Weg nach links, Richtung Waldrand 4. An der folgenden Gabelung, an der eine weitere Schutzhütte steht, die ins obere Kylltal blickt, halten wir uns rechts.

Wir wandern jetzt ohne großen Höhenunterschied am Waldrand entlang. Dort, wo der Weg wieder in den Wald eintritt, zweigt linker Hand – durch ein geschlossenes Weidegatter – ein Wiesenweg ab. Diesem folgen wir. Links hinter uns liegt jetzt der Ort **Hallschlag**, der immer wieder in die Schlagzeilen gerät: Auf dem Gelände der im Ersten Weltkrieg erbauten Giftgas- und Munitionsfabrik Espagit liegen noch immer Reste von chemischen Kampf- und Sprengstoffen. Als man im Jahr 1991 begann, das Fabrikgelände zu räumen, wurden an die Bewohner Hallschlags

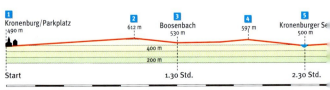

Kronenburg und das obere Kylltal

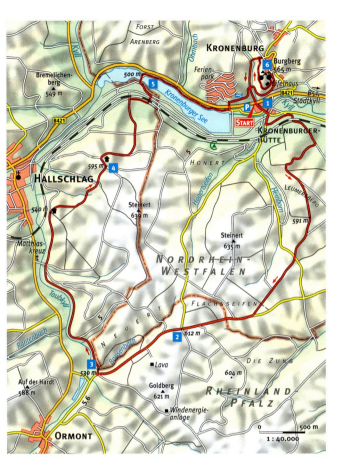

3.30 Std.

14 km

vorsichtshalber Giftgasmasken ausgeteilt, 1998 wurden die Bürger aufgefordert, die Filter zu überprüfen. Mittlerweile gilt das Gelände von offizieller Seite als kampfstofffrei, doch wurde die Hälfte des Gebietes nicht geräumt, sondern lediglich mit meterdicken Erdeschichten bedeckt.

Vor uns ist schon wieder der Burgberg von Kronenburg zu erkennen, unten im Tal blinkt der Kronenburger Stausee durch die Baumspitzen. Vorbei an dem teilweise eingezäunten Laub- und Stangenwald zur Rechten geht es jetzt mit leichtem Gefälle fast in direkter Linie zu Tal. Unmittelbar vor einer Hecke treffen wir auf einen Querweg, dem wir nach rechts folgen. Er verläuft fast parallel zur Trasse der Kylltalbahn. Bei einem Strommast überqueren wir die fast zugewachsene Bahnstrecke – die Kylltalbahn verkehrt nicht mehr.

Auf der anderen Seite geht es weglos einen kleinen Hang hinunter. Hier den richtigen Einstieg zu finden erfordert Pfadfindergeist. Bei feuchtem Wetter ist der Hang außerdem rutschig. Doch nach wenigen Metern biegen wir in einen asphaltierten Querweg nach rechts ein. Nach etwa 150 m stößt von links im spitzen Winkel ein schmaler Asphaltweg auf unseren Weg. Hier biegen wir links ab, halten uns beim nächsten Querweg wieder links und erreichen das Ufer des **Kronenburger Stausees** 5 (2.30 Std.).

Ein Steg führt uns über den Oberlauf des Stausees, dann folgen wir ein ganzes Stück weit dem Uferweg. Am Seeufer laden Bänke zu einer idyllischen Rast. Wenige Meter vor der Staumauer führt links eine hölzerne Fußgängerbrücke über die B 421. Auf der anderen Seite halten wir uns halbrechts und steigen hinauf zu dem Sträßchen, das an der Rezeption der Ferienanlage vorbeiläuft. Wir gehen nach rechts bis zu der Stelle, wo die Einfahrt zur Ferienanlage eine weit ausholende Rechtskehre macht, und nehmen auf der Straßenseite gegenüber einen schmalen Weg, der den Hang des Burgberges entlangführt. Die stilisierte Muschel am Verkehrsschild zur Rechten zeigt an, dass hier ein Stück des Jakobspilgerweges verläuft.

Leicht ansteigend geht es auf dem gut ausgebauten Pfad voran. Über Treppenstufen steigen wir zu einem weiteren Pfad hinauf und erreichen bald einen Querweg, auf den wir nach rechts abbiegen. Nach etwa 50 m erreichen wir den Parkplatz eines Restaurants und gleich darauf eine Straße. Die Wilhelm-Tell-Gasse führt als Treppenweg hinauf zum Osttor, durch das wir den historischen Ortskern von **Kronenburg** 6 erreichen (3.15 Std.).

Wir verlassen ihn durch das Nordtor, gehen über den Parkplatz und nehmen an dessen Ende, zwischen Transformatorenmast und WC-Häuschen, den Wiesenpfad, der im weiten Bogen unterhalb der Burgruine bergab führt. Dabei stoßen wir auf unseren Aufstiegspfad, auf den wir nach rechts abbiegen.

Auf nun schon bekanntem Weg geht es zurück bis zu der engen Kurve in der Auffahrt zum Feriendorf. Hier halten wir uns nun aber links, gehen zur B 421, überqueren diese an der Ampel und laufen nun noch das kurze Stück bis zu unserem **Parkplatz** 1 am Ufer der Kyll (3.30 Std.).

Sankt Johann Baptist

Die Pfarrkirche in Kronenburg – insbesondere ihr spätgotischer Innenraum – gilt als eine der bedeutendsten ihrer Art in der Eifel. Der Kirchturm selbst war als Wehrturm in die Wehranlage integriert. Das Gotteshaus, dessen Vorbild die Franziskanerkirche in Salzburg war, ist eine für die Eifel recht untypische Einstützenkirche, deren vier Gewölbe im Innern von nur einem in der Mitte der Kirche stehenden Pfeiler getragen werden. Die Säule verzweigt sich fächerartig in zehn Gewölberippen und endet in prächtigen Schluss-Steinen, die Bildnisse von Heiligen und von den Stiftern zeigen. Angeregt hatten den Bau der Graf Cuno von Manderscheid-Schleiden und seine Gemahlin Mathilde; Gräfin von Virneburg trieb den Bau in 16-jähriger Bauzeit ab dem Jahre 1492 voran.

Tour 24

Feuer und Eisen

Von Jünkerath nach Lissendorf

Bis auf die Kelten führt man den Abbau von Eisen in dieser Gegend zurück. Diese Tradition setzte sich bis in die Neuzeit fort. Wer es nicht glaubt, sollte sich einmal im Eisenmuseum in Jünkerath umsehen.

DIE WANDERUNG IN KÜRZE

Anspruch: +

Gehzeit: 4.30 Std.

Länge: 18 km

Charakter: Abwechslungsreiche Wanderung auf unterschiedlichsten Wegen, am Anfang und Ende auch auf Straßen

Wanderkarte: WK 1:25 000 Ferienregion Oberes Kylltal (WK 15 des Eifelvereins)

Einkehrmöglichkeit: In Jünkerath, Birgel

Anfahrt: Mit dem **Auto**: A 1 bis Autobahnende bei Blankenheim, dann B 51 Trier bis Ausfahrt Stadtkyll. Dort links Richtung Stadtkyll, im Ort der Beschilderung nach Jünkerath folgen. In Jünkerath zum Parkplatz am Bahnhof. Mit der **Bahn**: Mit dem RegionalExpress bis Jünkerath.

Wir beginnen die Wanderung am Bahnhof **1** von **Jünkerath** und begeben uns aus dem Bahnhof heraustretend auf der Straße nach rechts. Nach etwa 30 m, in einer Linkskurve, biegen wir nach rechts auf den Weg Richtung Stadtkyll und Kronenburger See, parallel zu den Bahngleisen. Linker Hand fließt die Kyll, die wir bald auf einer schmalen Holzbrücke überqueren. Am Ende der Brücke gehen wir hinauf Richtung Durchgangsstraße und biegen dort nach rechts ab. Beim Kreisverkehr nehmen wir die erste Straße rechts Richtung Esch und Feusdorf. Sie führt uns auf der blaugelben Brücke über die Bahnstrecke Köln–Trier.

Am Ende der Brücke gelangen wir an eine Straßengabelung und nehmen den linken Abzweig, die Kreisstraße Richtung Esch, nach der Grundschule dann leider ohne Fußweg. Wir folgen dem Straßenverlauf, bald durch einen Mischwald, vorbei am Tennisplatz, unter einer Hochspannungsleitung hindurch, dann, nach einer leichten Rechtskurve und unmittelbar bevor der Wald aufhört **2**, endlich nach rechts in den Wald (30 Min.). Es geht leicht bergab durch schattigen Buchen-Mischwald. Wir bleiben auf dem deutlich markierten breiten Waldwirtschaftsweg (Wegmarkierung F3), überqueren später ein Bächlein, kommen hier in lichten Nadelhochwald. In einer Rechtskurve durchschreiten wir eine kleine Talsohle, überqueren direkt dahinter wieder ein Bächlein und stoßen auf einen Querweg. Hier biegen wir nach rechts ab.

Es geht weiter leicht bergab, rechts unten begleitet uns der Bisselbach (Wegmarkierungen J6, F2, F3). Bei einer Kreuzung, an der zwei Wege von links einmünden, halten wir uns rechts, etwa 200 Meter weiter biegen

Tour 24

wir links auf den leicht bergan führenden Weg **3** (1 Std.).

In leichtem Auf und Ab geht es nun durch den Mischwald, junge Buchen spannen ihre Kronen über den Weg und spenden im Hochsommer willkommenen Schatten. Über die nächste Wegkreuzung gehen wir geradeaus (F2, F3) auf einen schmalen Pfad, bei der kurz darauf folgenden Pfadverzweigung rechts.

Gleich darauf treten wir oberhalb einiger Häuser aus dem Wald heraus, gehen auf einem ashphaltierten Weg etwa 15 Meter nach links, biegen dann abermals nach links auf den schmalen Pfad in den Wald. An der nächsten Wegverzweigung laufen wir weiter geradeaus (nicht nach rechts zu den Häusern). Es geht dann auf einem gut befestigten Querweg nach rechts (F1, F2, F3). Fast ohne Höhenunterschiede führt er durch den Buchenhochwald. Vor einem Zaun geht es links weiter, am Ende des Zauns dann nach rechts; an der Rückseite der Grundstücke entlang gehen wir bis zu einem geteerten Fahrweg **4**, auf den wir nach rechts einbiegen. Er führt direkt in das Örtchen **Feusdorf** hinein (1.30 Std.). Wir überqueren die Durchgangsstraße und folgen auf der anderen Seite der Kirchstraße leicht bergab.

Am Ende der Kirchstraße folgen wir leicht halbrechts der Straße, die zwischen einem Bauernhof und einem modernisierten Haus aus dem Ort hinausführt. Vor uns öffnet sich nun der Blick über Wiesen und bewaldete Hügel. Wir folgen der Straße bis zu einer Bank rechter Hand. Nach einer kurzen Rast gehen wir weiter auf das Verbindungsstäßchen Feusdorf–Birgel zu, überqueren dieses und bleiben an der folgenden Wegkreuzung auf dem asphaltierten Wegstück nach rechts.

Vor uns dehnen sich weite Wiesen, am Horizont erhebt sich eine der für die Eifel so typischen Wacholderkuppen, dazwischen buschgesäumte Wege und baumbestandene Hügel. An der nächsten deutlichen Wegkreuzung biegen wir rechts ab und wandern auf dem Weg, der mit hellem Schottergestein befestigt ist, am Fuß des Kreuzbergs entlang. An der ersten Gabelung gehen wir links leicht bergab und halten uns nun wieder auf die Straße nach Feusdorf zu.

Ein Zaun versperrt den Weg, wir wenden uns nach links und stoßen auf eine Weggabelung; wir gehen weiter geradeaus auf eine Kuppe zu. Am Fuße des Hügels **5** macht der Weg eine Linkskurve, gleich darauf, etwa 50 m weiter, biegt rechts ein schmaler, fast zugewachsener Weg direkt auf die Wacholderkuppe hinauf. Dahinter geht es weiter geradeaus in die offene Feldflur. Wir stoßen wieder auf eine Weggabelung, an der wir weiter geradeaus gehen. Bald macht dieser Weg eine Biegung nach links. Wir bleiben auf diesem Wiesenweg, bis er kurz hinter einer Hochspannungsleitung auf einen Querweg stößt **6** (2.15 Std.). Wir biegen auf diesen nach rechts ein, gehen auch bei den folgenden Wegga-

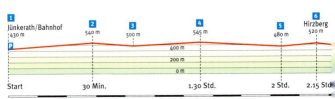

Von Jünkerath nach Lissendorf

belungen geradeaus, bis wir am Rand einer Weide auf einen Querweg stoßen. Hier halten wir uns rechts, passieren am Rande eines Wäldchens eine Sitzgruppe und gehen weiter, im Tal an einem Hof vorbei bis zum Sträßchen, das Wiesbaum und Birgel verbindet **7** (2.30 Std.). Wir gehen auf der Straße ein kurzes Stück nach links, biegen aber am Ende des Wäldchens rechts auf den Weg ein. Dieser schlängelt sich durch Weide- und Ackerland, anfänglich rechter Hand noch von einem Stück Wald begleitet, in ein ruhiges flaches Tal hinein. Nach einer Rechtskurve sehen wir zwei einsame Häuser vor uns liegen, die Wiesbau-

mer Mühle. Es geht noch ein Stück weiter geradeaus, bis wir auf einen Querweg stoßen, der von der Mühle herkommt. Hier wenden wir uns nach rechts, an der nächsten Weggabelung nach links, um dann mehr oder weniger immer geradeaus wieder auf den Waldrand zuzulaufen. Bald nimmt uns der Wald auf und wir bleiben auf diesem Weg **8**, bis er kurz vor Birgel auf der Höhe des Sportplatzes wieder aus dem Wald heraustritt. An der folgenden Weggabelung geht es nach links, dann bis zur **B 421**, auf dieser nach rechts an einem Autohaus vorbei, dahinter links auf einem Feldweg bis zu einem Fahrradweg, der durch das Kylltal verläuft. Nun nur noch ein Stück nach rechts bis wir die Häuser von **Birgel** erreichen. Auf der Straße im Ort wenden wir uns nach links, bis wir unmittelbar hinter einer Brücke die **Bahnstation von Lissendorf 9** (4.30 Std.) sehen. Von hier ist es nur eine Station bis zu unserem Ausgangspunkt in **Jünkerath 1** (4.30 Std.).

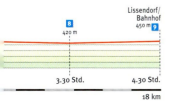

Tour 25

Eifelschönheiten

Von Mirbach durch das Lampertstal nach Alendorf und zurück

Jedem Vorbeifahrenden fällt als erstes die Kirche von Mirbach ins Auge. Auf diese Art und Weise neugierig gemacht, findet man neben dem interessantesten Gotteshaus der Region bei einer kurzen Wanderung auch noch eines der schönsten Täler der ganzen Eifel.

DIE WANDERUNG IN KÜRZE

Anspruch: +

Gehzeit: 3 Std.

Länge: 13 km

Charakter: Leichte Wanderung auf meist guten Feld- und Waldwegen; sanfte Anstiege

Wanderkarte: WK 1:25 000 Blankenheim/Oberes Ahrtal im Deutsch-Belgischen Naturpark (WK 12 des Eifelvereins)

Einkehrmöglichkeit: In Alendorf

Anfahrt: Mit dem **Auto:** Von Osten über die A 1 bis Autobahnende Blankenheim, dort geradeaus Richtung Gerolstein. Von Süden über die L 115 bis Mirbach. Parken im Ort am Infozentrum unterhalb der Erlöserkapelle. Keine **Bahn**verbindung.

Hinweis: Naturkundlich Interessierte sollten etwas mehr Zeit für das NSG Lampertstal einplanen.

Wir starten in **Mirbach** am Parkplatz 1 unterhalb der Erlöserkapelle. Die Kirche im Rücken wenden wir uns auf der Straße nach links, gehen vorbei an der Bushaltestelle geradeaus und nehmen schließlich am Ortsrand das Asphaltsträßchen, das unmittelbar hinter einer Gebüsch- und Baumreihe nach links abzweigt und uns schnurstracks auf das **Naturdenkmal Eusberg** zuführt: die erste von mehreren mit Wacholderheide bewachsenen Kuppen. Eine Infotafel am Fuße des Eusbergs informiert über die Besonderheiten dieser Vegetation.

Wir nehmen den sanft ansteigenden Wiesenweg, der rechts von der Infotafel wegführt. Zur Linken die Kuppe, rechter Hand saftige grüne Wiesen, erklimmen wir in gehöriger Distanz zur parallel verlaufenden Landstraße Ahrhütte–Hillesheim die Anhöhe und überschreiten dabei die Landesgrenze zwischen Rheinland-Pfalz und Nordrhein-Westfalen. Auf der Höhe 2 (höchster Punkt mit 496 m) sollte man sich noch einmal umdrehen und den Blick über das Örtchen Mirbach gleiten lassen, über dem schützend die Erlöserkapelle thront.

Voraus tauchen die Häuser von Dollendorf auf. Am Horizont dahinter die markante Kuppe des Aremberges. Vorbei an Weideflächen und Feldern wandern wir geradeaus sanft bergab und ignorieren alle Ab-

Von Mirbach durch das Lampertstal nach Alendorf und zurück

Nicht zu übersehen: Immer wieder prägt der Aremberg den Horizont

zweigungen, bis unser Feldweg auf einen asphaltierten Wirtschaftsweg trifft. Auf diesem biegen wir scharf nach links, verlassen ihn aber schon an der nächsten Abzweigung wieder nach rechts.

Wieder steuern wir auf eine Wacholderheidekuppe zu, den **Reinesberg**. Am Rand der Wacholderheide biegen wir nach links, wenige Meter danach wieder nach rechts (Schild »Naturschutzgebiet«).

Hier verlassen wir nun allmählich die offene Hochfläche, der Weg senkt sich zwischen Gebüsch und Kiefern langsam wieder ins Lampertstal. Einen links abzweigenden Wiesenweg zu einem Hochsitz lassen wir unbeachtet. Aber Achtung am Ende der Wiese: Hier folgen mehrere Gabelungen kurz hintereinander. An der ersten – unmittelbar am Waldrand – halten wir uns links, nach einem Hochsitz wählen wir den rechten Weg, und nach knapp 50 m folgen wir dem etwas weniger ausgetretenen, geradeaus führenden Abzweig, während die deutlicher ausgeprägte Wegspur nach rechts abzweigt. Die schmale Spur links den Hang hinauf ignorieren wir.

Bald wandern wir bergab durch reinen Buchenwald, dessen Kronen nur vereinzelte Lichtreflexe durchlassen. Unvermittelt tritt der Weg aus dem Wald hinaus und trifft spitzwinklig auf einen Querweg, dem wir nach links folgen.

Wir haben jetzt den Grund 3 des **Lampertstales** erreicht, nach dem das ganze Naturschutzgebiet benannt ist. Der Talgrund ist weitgehend frei von höherem Bewuchs, an den Hängen links und rechts steht Mischwald. Die größte Vielfalt zeigen aber die Übergangsbereiche zwischen Wald und Talgrund. Vielfältig ist auch die Insektenwelt, an schönen Sommertagen kann man zehn und mehr verschiedene Schmetterlingsarten beobachten.

Wir wandern auf der linken Talseite unmerklich bergan. Nach einer knappen Viertelstunde erreichen wir einen **Picknickplatz** 5 mit einer großen Infotafel zu Besonderheiten der Geologie, Flora und Fauna des Lampertstales (1 Std.). Wir gehen noch

Tour 25

ein paar Meter in unserer Richtung weiter und wechseln dann auf die andere Talseite – trockenen Fußes, da der Bach hier im durchlässigen Kalkboden verschwindet! Auf einer deutlich ausgeprägten Wegspur gehen wir links (Infotafel). Langsam steigen wir vom Talgrund auf und erreichen die Häuser von **Alendorf**. Rechter Hand erhebt sich ein Wacholderhang. Dort wo die Wacholderheide in eine Wiese übergeht, führt rechts ein Wiesenweg den Hang hinauf zum **Kalvarienberg**. Wir wandern an seinem Fuß entlang, nehmen nicht die schmale Spur Richtung Dorf und treffen schließlich auf den Kreuzweg, der rechts hinaufführt.

Der Aufstieg lohnt nicht nur wegen der aus dem 17. Jh. stammenden Kreuzwegstationen, auch die Wacholderheidekuppe hat ihren ganz eigenen landschaftlichen Reiz. Beeindruckend ist auch der Ausblick von der höchsten Stelle 4 des **Kalvarienberges** zu Füßen des Gekreuzigten (1.45 Std.).

Wir steigen wieder ab, können unmittelbar nach der vorletzten Station nach rechts abkürzen, queren das Sträßchen und passieren ein Feld zur Linken. Halbrechts sehen wir unter zwei Fichten eine weitere Station des Kreuzweges. Wir gehen nach links, queren die Landstraße und erreichen die malerisch von alten Bäumen umgebene **Kapelle St. Agatha** auf einem Hügel über dem Ort. Von hier oben hat man einen schönen Blick auf Alendorf und die umliegenden Wacholderheidekuppen.

Nach der Rast geht es zurück über die Landstraße, vorbei am Kreuz, bis zum Fuß des Kalvarienberges. An der Wegkreuzung wählen wir den zunächst noch geteerten Weg nach links. Er senkt sich nun langsam zwischen Wiesen und Feldern zu Tal. Eine erste Abzweigung nach links lassen wir unbeachtet, folgen dem Linksbogen und wechseln unmittelbar vor einem Weidezaun auf eine Wegspur, die nach links am Zaun entlang auf eine Gebüschgruppe zu-

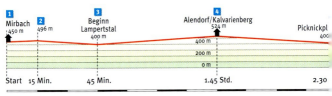

Von Mirbach durch das Lampertstal nach Alendorf und zurück

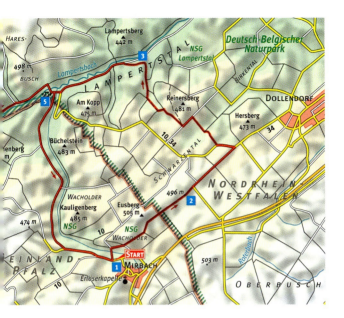

führt. Wir passieren einen Hochsitz und gehen weiter am Weidezaun entlang und zwischen Büschen talwärts, erst zwischen den Hecken, dann durch einen lichten Buchenwald. Am Ausgang des Waldes treffen wir wieder auf den Weg im Lampertstal.

Wir wenden uns scharf nach links und folgen dem Weg bis zurück zum **Picknickplatz** 5 mit der großen Infotafel (2.30 Std.).

Hier wählen wir nun den rechten Weg, der uns durch ein Seitental des Lampertstales wieder nach Mirbach bringen soll. Nach einer Rechtskurve weitet sich das Tal, wir befinden uns am Fuße des **Naturdenkmals Dürrer Berg,** ebenfalls ein Wacholderheidehang. Das Tal schwingt nun in einem weiten Bogen nach links.

Ein asphaltierter Querweg führt uns links nach **Mirbach.** Im Ort halten wir uns an der ersten Weggabelung links, an der nächsten Gabelung rechts hinauf, ebenso an der Abzweigung der Straße Cammillashöh, sofort danach links und gleich darauf wieder links. Nun erreichen wir rechts den Platz zwischen dem Friedhof und der Erlöserkapelle und am Fuße des Kirchhügels den **Parkplatz** 1 (3 Std.).

Die Erlöserkapelle von Mirbach

Weiß getüncht, schmal und spitz zeigen die Kirchtürme der Eifeldörfer in den Himmel. Ganz anders die Erlöserkapelle in Mirbach: Breit und be-

Breit und behäbig thront die Erlöserkapelle über dem Örtchen Mirbach

häbig steht das neoromanische Gotteshaus über dem Ort. Es wurde um das Jahr 1902 an der Stelle der baufälligen Sebastianskapelle errichtet.

Die Gemeinde hatte damals kein Geld, um eine Renovierung oder gar einen Neubau zu finanzieren. So bat man den Freiherrn von Mirbach um finanzielle Hilfe. Er war Oberhofmeister der Kaiserin Auguste Viktoria und auf der Suche nach der Herkunft seiner Vorfahren auf das kleine Örtchen Mirbach gestoßen. Zwar hatte es hier nie ein Adelsgeschlecht dieses Namens gegeben, aber für den Freiherrn reichte die Namensgleichheit. Derart emotional mit dem Ort verbunden, war er gerne bereit, den Kirchenbau zu finanzieren. Da er zugleich Vorsitzender des Evangelischen Kirchenbauvereins war, der schon die Erlöserkirche in Jerusalem und die Kaiser-Wilhelm-Gedächtniskirche in Berlin hatte erbauen lassen, verfügte er über die richtigen Kontakte. Und weil die Kirche auch ein Denkmal zur Würdigung seiner Vorfahren werden sollte, sparte er nicht an wertvollen Kunstwerken.

Neben der Kirche stammt noch ein weiteres Bauwerk von ihm: Einige Schritte weiter Richtung Westen steht eine Mauer, die die Ruine der alten Burg derer von Mirbach darstellen soll. Eine solche hat es aber nachweislich ebenfalls nicht gegeben. Der Freiherr von Mirbach ließ einfach einen alten Mauerrest mit bearbeiteten Steinen – teilweise aus echten Burgruinen – ›aufmöbeln‹, um so seinem Ahnenstolz auch einen ›historischen Platz‹ geben zu können, den er dann auch in überzeugender Weise als seine Stammburg ausgab.

Tour

Traumhaft schöne Eifel

Von Alendorf durchs Lampertstal

Das Naturschutzgebiet Lampertstal in seiner ganzen Länge zu genießen ist Thema dieser Wanderung. Es ist eines der schönsten Täler in der ganzen Eifel, vor allem im Frühjahr und im Sommer, und trotzdem erstaunlich ruhig und einsam.

DIE WANDERUNG IN KÜRZE

Anspruch: +

Gehzeit: 2.30 Std.

Länge: 10 km

Charakter: Einfache Wanderung auf guten Wegen, kurze Strecken auf Pfaden

Wanderkarte: WK 1:25 000 Blankenheim/Oberes Ahrtal im Deutsch-Belgischen Naturpark (WK 12 des Eifelvereins)

Einkehrmöglichkeit: In Alendorf

Anfahrt: Mit dem **Auto:** Von Osten über die A 1 bis Autobahnende Blankenheim, dort geradeaus Richtung Gerolstein/Hillesheim. Nachdem das Ahrtal passiert wurde, nächste Möglichkeit nach Dollendorf, von dort über Ripsdorf nach Alendorf. Keine **Bahnverbindung.**

Hinweis: Naturkundlich Interessierte sollten etwas mehr Zeit für das NSG Lampertstal einplanen.

Ausgangspunkt unserer Wanderung ist der Parkplatz **1** an der Kapelle St. Agatha kurz vor dem Ortseingangsschild von **Alendorf.** Vom Parkplatz gehen wir zurück zur Straße, überqueren sie und orientieren uns dann nach rechts, auf den wacholderbestandenen Hügel mit dem Kreuz auf der Spitze zu. Wir folgen den Kreuzwegstationen bis zum Gipfel des Kalvarienberges **2** mit dem Sandsteinkreuz von 1675.

Nun gehen wir nach links auf einen schmalen Pfad, der bergab führt und bei einem Weidezaun nach rechts abbiegt. Wenig später gabelt er sich, wir wählen den Abzweig, der etwas steiler nach links hinunterführt. Achtung: Der Pfad ist schmal und leicht zu übersehen. Wir passieren eine Sitzbank und wenige Schritte später einen alten Wiesenweg. Gleich darauf geht es links durch die Büsche hinunter auf einen gut befestigten Wirtschaftsweg, auf den wir nach links abbiegen. Hier beginnt das **Naturschutzgebiet Lampertstal.**

Wir wandern für eine ganze Weile immer geradeaus auf der linken, also der nördlichen, Talseite und ignorieren alle etwas undeutlicheren Abzweigungen. Allmählich öffnet sich das Tal. Rechter Hand breitet sich die Bachaue aus, linker Hand begleitet Buchen- und Eichenwald den Weg. Auch die typischen Wacholderkuppen sind zu sehen: Das Tal des Lampertsbaches ist eines der größten Wacholderschutzgebiete der Eifel. Zudem blühen hier etwa Ende Mai auf dem Kalkmagerrasen der Talwiesen seltene Orchi-

Tour 26

deenarten, und bis weit in den Herbst hinein findet man große Flächen mit Herbstzeitlosen. In dem Wald zur Linken wird das Alt- und Totholz unberührt gelassen, um die natürliche Regeneration zu fördern. Vorsicht also: Hier könnten abgestorbene Äste abbrechen.

Nach guten 4 km und einer knappen Stunde Gehzeit macht das Tal einen weiten Rechtsbogen, an dessen Ende wir auf die Fahrstraße von Dollendorf nach Ripsdorf treffen. Wir gehen hier etwa 300 m nach rechts ❸ und nehmen dann den asphaltierten Weg nach Hüngersdorf nach links bergauf (**Wacholderwanderweg**, Wanderzeichen W). Nach 150 m zweigt der Wanderweg W links ab und führt uns als Wiesenweg über die kiefernbestandene Wacholderkuppe. Ohne große Höhenunterschiede geht es nun weiter durch den Wald, immer dem Wanderweg W folgend. Wir passieren die Höneberg-Schutzhütte ❹ (1.15 Std.), queren ein Wiesentälchen, halten uns direkt danach rechts, wandern am Rand einer Kuppe entlang, folgen dem allmählich breiter werdenden Pfad durch eine Linkskurve und überqueren das Kreissträßchen ❺ K 61.

Auf der anderen Seite gabelt sich der Weg, wir halten uns links, biegen gleich darauf rechts ab und besteigen den **Büschelsberg**. Dort halten wir uns auf einem Feldweg rechts, gleich darauf halbrechts, weiter dem Wacholderweg folgend, der uns bald vom asphaltierten Weg den Berg hinaufleitet. Kurz bevor die **Kuppe** ❻ (1.45 Std.) ganz erklommen ist, stoßen wir auf einen Querweg: Hier biegen wir nach rechts. Am gegenüberliegenden Hang breitet sich das Dörfchen Ripsdorf aus.

Nach 400–500 m stoßen wir auf ein asphaltiertes Quersträßchen. Hier verlassen wir die Wegmarkierung W, biegen im stumpfen Winkel nach links ab und gleich darauf nach rechts auf den grasbewachsenen Wiesenweg. Vor den Hügel, auf dem Ripsdorf liegt, schiebt sich allmählich

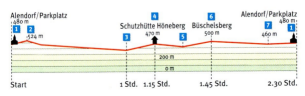

Von Alendorf durchs Lampertstal

ein anderer Hügel. Wir wandern in ein Quertal hinein. Am Waldrand, bei einem Weidezaun, gabelt sich der Weg, wir folgen dem Abzweig nach rechts in die Wiesen hinunter zu einem gut ausgebauten Wirtschaftsweg etwa 40 m weiter (2 Std.). Wir gehen hier links bis zu einem Jägerhochsitz **7** und nehmen dort den undeutlich markierten Wiesenweg den Hügel hinauf, über Querwege hinweg auf die Wacholderheidekuppe oberhalb von Ripsdorf zu.

Wir überqueren ein Sträßchen und wenden uns beim nächsten Querweg nach links, bei der nächsten Gabelung wieder links und erreichen den Talboden. Wir halten auf die andere Talseite, auf einen Jägerhochsitz zu, und steigen den Hügel hoch. Bald breitet sich wieder Wacholder aus, und der Blick schweift weit übers Tal. Langsam nähern wir uns der baumgesäumten Straße von Ripsdorf nach **Alendorf**. Wir überqueren sie und erreichen die **Kapelle St. Agatha** und zu ihren Füßen den Parkplatz **1** (2.30 Std.).

Verzaubertes Wäldchen am Wacholderwanderweg

Tour

Wasser und Brot

Von Blankenheim nach Nonnenbach und weiter über den Brotpfad

Nachdem man das geschäftige Blankenheim verlassen hat, geht es hinaus aufs Land. Ruhige Waldstrecken wechseln ab mit kleinen pittoresken Dörfern, deren sonntägliche Ruhe schon fast etwas Sprichwörtliches hat.

DIE WANDERUNG IN KÜRZE

Anspruch	**Charakter:** Einfache Tour durch abwechslungsreiche Landschaft; weicher Waldboden wechselt mit Asphaltstrecken ab	**Anfahrt:** Mit der **Bahn:** Bahnlinie Köln–Trier bis Blankenheim-Wald, von dort mit dem Anruf-Linien-Taxi bis Blankenheim Rathaus. Mit dem **PKW:** Aus Richtung Köln A1 bis Autobahnende Blankenheim, weiter über B 51 nach Blankenheim; aus Richtung Aachen B 258; Parken am Schwanenweiher.
4 Std. Gehzeit	**Wanderkarte:** WK 1:25 000 Blankenheim/Oberes Ahrtal (WK 12 des Eifelvereins)	
16 km Länge	**Einkehrmöglichkeiten:** In Nonnenbach, Blankenheim	

Vom Parkplatz 1 in **Blankenheim** aus gehen wir Richtung Café und Hotel Stadtblick und biegen dort links in den Nonnenbacher Weg, der durch ein Wohngebiet bergauf führt. Beim letzten Haus zweigt links der »Brotpfad« ab, wir wandern aber weiter geradeaus, immer leicht bergan, auf der von Eichen überschatteten Allee. Wir passieren das Ortsendeschild, überqueren eine Straßenkreuzung, kommen an Pferdekoppeln vorbei. Etwa 50 m weiter lässt sich mit Hilfe einer großen Tafel das Eifelpanorama bewundern: links der Aremberg, mit 623 m der zweithöchste Berg der Region, rechts daneben die Hohe Acht – mit 747 m die höchste Erhebung in der Eifel überhaupt. Noch weiter rechts ist die Nürburg zu sehen.

Es geht weiter geradeaus durch die malerische Allee bis zum **Nuss-**

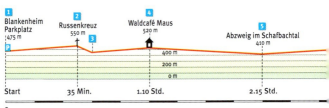

Von Blankenheim nach Nonnenbach und weiter über den Brotpfad

Auf einem Holzsteg geht es über den Nonnenbach

heckerhof, unmittelbar dahinter biegen wir links ab und gehen, vorbei an einem Wohnhaus mit Panoramascheiben und einem Wochenendhäuschen unter einer alten Eiche, auf einem schmalen geschotterten Pfad leicht bergab, durch eine kleine, mit Eichen bestandene Senke, auf den Waldrand zu. Hier an der Weggabelung gehen wir wenige Schritte nach rechts, dann nehmen wir links einen Pfad in den Wald hinein (Tiergartentunnelweg).

Der Pfad schlängelt sich durch das, was vom Wald hier noch übrig ist, am Waldrand treffen wir auf einen Grabhügel mit einem Steinkreuz, das so genannte ›Russengrab‹ **2**. Über die Wegkreuzung (mit Schutzhütte; 30 Min.) geht es geradeaus hinweg. In der folgenden Rechtskurve (am Ende der Lichtung) verlassen wir den Hauptweg und nehmen den schmalen Pfad, der weiter geradeaus tiefer in den Wald hineinführt, auch über die nächsten Querwege hinweg. Schließlich endet unser Pfad an einem weiteren Waldweg, hier gehen wir links. Bald treten wir aus dem Wald hinaus **3** und sehen vor uns das Örtchen Nonnenbach liegen (45 Min.).

Tour 27

Wir gehen rechts zur Fahrstraße, halten uns dort links und erreichen **Nonnenbach**. Bei einem Brunnen nehmen wir die Straße Richtung Ripsdorf und Ahrmühle und wandern aus dem Ort hinaus wieder zwischen Wäldern und Wiesen vorbei am beliebten **Waldcafé Maus** 4 (1.10 Std.).

In der nächsten Linkskurve nach dem Café gehen wir geradeaus auf den asphaltierten Feldweg (JH). Bis nach Waldorf schweift der Blick über die sanft geschwungenen Kuppen. Wir bleiben auf unserem Asphaltsträßchen, bis wir wieder die Fahrstraße Blankenheim–Nonnenbach erreichen (1.30 Std.). Wir gehen rechts, weiter bergab. In einer scharfen Linkskehre verlassen wir die Straße wieder und gehen geradeaus weiter. Links erhebt sich der Stromberg, ein erloschener Vulkan.

Wir überqueren den Eichholzbach und wandern nun immer parallel zu ihm bis **Ahrmühle**. Unmittelbar am Ortsbeginn nehmen wir einen Asphaltweg nach links, durchqueren das Dorf und halten auf die Straßenbrücke über den Eichholzbach zu. Direkt davor aber schwenken wir rechts auf den Feldweg nach Ripsdorf ein und folgen dem Bach weiter durch das enge grüne Tal.

Bei einem Bauernhof (Ripsdorfer Mühle) geht unser Weg wieder in ein Asphaltsträßchen über und mündet schließlich auf die Fahrstraße Ahrmühle–Ripsdorf. Wir überqueren den Schafbach und biegen gleich nach der Brücke rechts ab Richtung Hüngersdorf, wieder dem Bach folgend. Wir bleiben etwa 10 Min. auf diesem Talweg, bis wir kurz vor einer großen Schutzhütte eine Wegverzweigung erreichen. Von oben mündet ein Fahrweg ein, wenige Schritte danach gabelt sich unser Weg: Hier biegen wir links ab 5 (Eifelsteig, Eifeler Quellenpfad, schwarzer Pfeil). An der Kreuzung wenige Meter später halten wir uns rechts. Wir steigen auf bis zu einer ersten Kuppe mit Blick über das Schafbachtal. Rechts leicht zurück oben am Hang liegt Ripsdorf.

Wir wandern nun fast eben durch die offene Wiesenlandschaft, bis wir ein Fichtenwäldchen erreichen. Hier gehen wir zunächst rechts, 50 m weiter links in den Wald hinab. Bei der ersten Wegeinmündung bleiben wir noch geradeaus auf unserem Weg, bei der nächsten Einmündung in der Senke geht es nach rechts über den Dreisbach, dann gleich wieder links, den Markierungen folgend. Linker Hand befindet sich ein kleiner Weiher.

Bei der Gabelung am Ende des Fichtenwaldes nehmen wir die halblinke Abzweigung und wandern auf schmalem Pfad in eine Brachfläche hinein. Unser Weg quert ein Bächlein und steigt durch eine Fichtenschonung stetig bergan. Bald treffen wir auf einen breiteren Fahrweg, dem wir geradeaus folgen (nicht links abbiegen). Buchen und Eichen mischen sich unter die Fichten, bald wandern wir, weiter geradeaus, durch lichten Laubwald.

Wir passieren die **Hütte am Brotpfad** 6 (3.15 Std.), treffen danach auf eine Lichtung. Wir überqueren die Kreuzung an der Lichtung geradeaus und biegen 20 m weiter links ab (auch Markierungen 6, 7 und schwarzer Pfeil). Es geht weiter bergab, auf die ehemalige Fahrstraße Blankenheim–Nonnenbach zu. Wir überqueren Straße und Nonnenbach 7 und halten uns dann rechts. Bei einem freien Plätzchen gehen wir links, wieder bergauf. In einer weiten Kurve folgen wir links

Von Blankenheim nach Nonnenbach und weiter über den Brotpfad

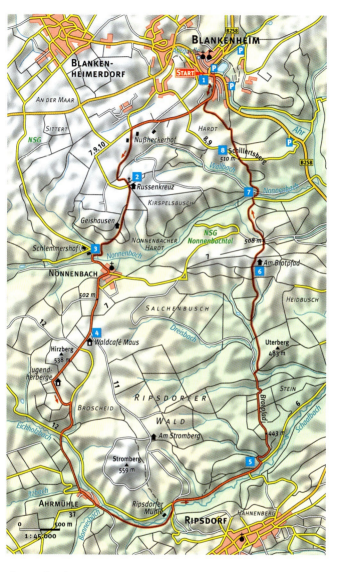

einem schmalen, ausgewaschenen Pfad in den Hang hinein, zunächst ziemlich steil. Es geht erst durch den Wald, dann an einer Weide entlang, über ein Querstäßchen **8** hinweg, geradewegs auf **Blankenheim** zu. Beim Ortsschild biegen wir rechts ab, wandern wieder durch die Einfamilienhaus-Idylle und erreichen wenig später und nach insgesamt 4 Std. Wanderzeit unseren Ausgangspunkt am **Parkplatz** **1**.

Tour

Über die Hochfläche

Von Blankenheim-Wald nach Dahlem

Dass die Eifel nicht nur aus Hügeln und Tälern besteht, kann man eindrucksvoll auf dieser Tour erleben. Sie führt (fast) ohne große Höhenunterschiede über die Eifelhochfläche zwischen Blankenheimer Wald und Dahlem.

DIE WANDERUNG IN KÜRZE

Anspruch: +

Gehzeit: 3 Std.

Länge: 13 km

Charakter: Einfache Wanderung, stellenweise etwas unwegsam

Wanderkarte: WK 1:25 000 Blankenheim/Oberes Ahrtal im Deutsch-Belgischen Naturpark (WK 12 des Eifelvereins)

Einkehrmöglichkeiten: In Schmidtheim und in Dahlem

Anfahrt: Mit dem **Auto:** Über die Autobahn A1 bis Ausfahrt Blankenheim, dort auf die B51 bis Abfahrt Blankenheimer Wald/Bahnhof, parken in der Nähe des Bahnhofs. Mit der **Bahn:** Bahnlinie Köln–Trier bis Blankenheim-Wald.

Unsere Tour beginnt am **Bahnhof** 1 von **Blankenheim-Wald.** Wir gehen zunächst am Bahnhof vorbei und stoßen rechter Hand auf den Beginn des Wanderweges (Wegmarkierung unter anderem Eifeler Quellenpfad). Auf diesem Weg, der in etwa parallel zu den Bahngleisen der Strecke Köln–Trier verläuft, bleiben wir jetzt immer geradeaus. Nach einer Brücke über die Bahnlinie, die wir aber links liegen lassen, erkennen wir linker Hand noch jenseits der Bahntrasse, die aufgestaute Urft, aus der graue, abgestorbene Äste ragen.

Bald weitet sich das Tal zu einer offenen Wiesenlandschaft. Eine kleine Brücke führt über einen Bach, gleich dahinter können wir die Bahngleise überqueren. Unser Weg entfernt sich vom Bach und schlängelt sich den Berg hinauf. Wir folgen nach wie vor bei allen Abzweigungen stets dem Wegzeichen SM2 und Eifeler Quellenpfad auf dem deutlicher ausgefahrenen Landwirtschaftsweg. Es

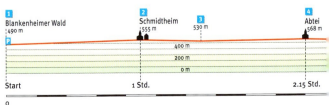

Von Blankenheim-Wald nach Dahlem

Zu Beginn der Tour verläuft der Weg meist in der Nähe der Bahngleise

geht stetig leicht bergan, junge Nadelwaldareale wechseln mit offenen Wiesen. Bald haben wir eine Hochfläche erreicht, und wenig später sind schon die ersten Häuser von Schmidtheim zu sehen.

Wir passieren ein Metallgatter, erreichen kurz darauf einen asphaltierten Querweg und biegen rechts ab. An schönen Tagen brummen hier die Flieger des nahen Sportflugplatzes »Auf der Binz« durch die Luft. Unser Asphaltsträßchen biegt im rechten Winkel nach links und führt dann geradewegs auf **Schmidtheim** 2 (1 Std.) zu. Kurz vor der Bahnunterführung biegen wir links ab, eine Madonna in einer kleinen künstlichen Grotte wacht über diese Kreuzung. Auf einem asphaltierten Sträßchen wandern wir weiter: an einer Wegekreuzung mit zwei Kreuzen in den zweiten Weg von links (Am Mühlenberg), an der nächsten Weggabelung rechts, an der Durchgangsstraße ebenfalls rechts und durch die Bahnunterführung.

Unmittelbar hinter der Bahnüberführung biegen wir links ab und folgen dem asphaltierten Weg den Berg hinauf. Auf dem steilen Bergsträßchen passieren wir zunächst die Pfarrkirche und dann das auffällige gelbe Gebäude, das uns schon von Weitem entgegenleuchtete: **Schloss Schmidtheim,** das heute noch einen veritablen Grafen beheimatet. Hinter dem Schloss und der kurzen Allee biegen wir rechts ab, wieder leicht bergab. In der scharfen Rechtskurve halten wir uns geradeaus, gehen auf den Sportplatz zu und biegen an der Wegeinmündung unmittelbar davor halblinks ab. Von nun an folgen wir bis auf Weiteres den Wegmarkierung SM 3 und Eifeler Quellenpfad. Bei den letzten Häu-

Tour 28

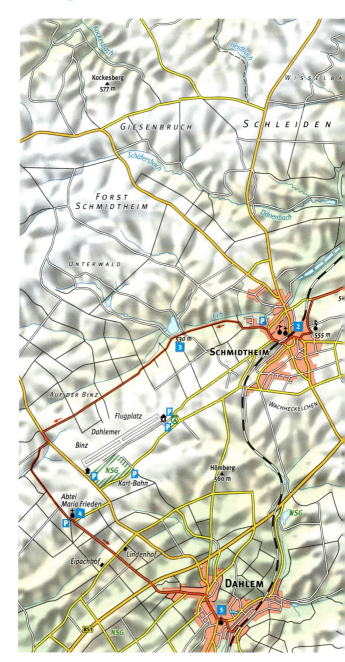

Von Blankenheim-Wald nach Dahlem

sern biegen wir rechts auf einen Wirtschaftsweg ab, der uns in offenes Wiesengelände führt. Wir passieren einen kleinen Weiher 3 und kommen in ein Wäldchen. Unmittelbar vor einem größeren Weiher haben wir wieder ein Gatter zu passieren, gehen geradeaus über die Wegkreuzung und halten uns gleich darauf bei einer Gabelung links (SM 3).

Wir wandern weiter geradeaus, teilweise auf schlechtem und undeutlichem Weg. **Achtung:** Bei zwei kurz aufeinander folgenden schmalen Bachläufen führt der Weg links etwas versetzt als schmaler Pfad weiter. Bald darauf aber gehen wir wieder auf einem breiten Waldweg. Kurz hinter einer Forstschranke stoßen wir auf die Verbindungsstraße von Dahlem nach Udenbreth. Hier gehen wir etwa 50 m nach links und biegen bei der ersten Möglichkeit gleich wieder rechts ab in den Wald. Bei den beiden folgenden Abzweigungen halten wir uns links, ebenso bei einem Querweg mit Schranke (Wegnummern 1 und 6).

Ein übermannshoher Bretterzaun kündigt das **Kloster Maria Frieden** 4 (2.15 Std.) an, an dem wir vorbeigehen. Nach der nächsten Kuppe tauchen bereits die ersten Häuser von **Dahlem** auf. Wir passieren zwei Aussiedlerhöfe sowie ein elektrisches Umspannwerk und erreichen den Ort durch eine Unterführung. Wir gehen bis zur Kölner Straße, biegen dort rechts ab Richtung Ortszentrum. Vor der Pfarrkirche halten wir uns links, folgen an der nächsten Weggabelung der Bahnstraße halbrechts über einen kleinen Bach und den Berg hinauf bis zum **Haltepunkt Dahlem** 5 (3 Std.), von wo wir mit der Bahn zurück nach Blankenheim-Wald fahren können.

Tour 29

Stetes Auf und Ab

Von der Erftquelle über Roderath nach Schönau

Eine Tour wie gemacht für einen sonnigen Sonntagmorgen, wenn in den kleinen Dörfern unterwegs feiertägliche Ruhe einkehrt. Viel freie Hochfläche belohnt den Wanderer mit weiten Blicken.

DIE WANDERUNG IN KÜRZE

Anspruch: ++

Gehzeit: 4 Std.

Länge: 18 km

Charakter: Vielseitige Tour mit stetigen Auf- und Abstiegen auf unterschiedlichsten Wegen.

Wanderkarte: WK 1:25 000 Nettersheim/Kall (WK 5 des Eifelvereins)

Einkehrmöglichkeiten: In Holzmülheim und Roderath

Anfahrt: Mit dem **Auto:** Über die Autobahn A 1 bis Ausfahrt Nettersheim, dort Richtung Tondorf, unterwegs Beschilderung Holzmühlheim folgen. Am Kreisverkehr vor Holzmühlheim nach rechts in den Ort, gleich darauf linker Hand zum kleinen Parkplatz an der Erftquelle. Keine günstige Verbindung mit **Bus/Bahn.**

Die Tour beginnt am Parkplatz **1** an der **Erftquelle** in **Holzmühlheim.** Wir überqueren die Wiese mit den Spielgeräten, gehen auf der Holzbrücke mit den steinernen Löwen über die Erft, erreichen über ein paar Natursteinstufen die B 51 und nehmen auf der anderen Straßenseite den geteerten Weg, der von der Bundesstraße wegführt.

Er führt durch ein kleines Wiesental und über ein Bächlein zur Straße Holzmülheim–Schönau. Wir gehen ein kurzes Stück neben ihr her nach rechts, biegen 30 m weiter wieder rechts ein, nach 10 m wieder links. 30 m weiter endet der Asphalt, rechts führt nun ein Waldweg von der Straße weg, bei der Gabelung gleich darauf links in den Buchenwald hinauf, vorbei am Gelände eines Steinbruchs. Fast auf der Höhe der Kuppe stößt unser Waldweg im spitzten Winkel auf ei-

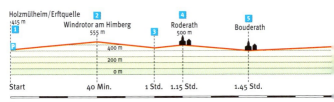

Von der Erftquelle über Roderath nach Schönau

Die Kirche im sonntäglich ruhigen Bouderath

nen breiteren Wirtschaftsweg, dem wir nach rechts über die Kuppe hinweg und am Sportplatz vorbei folgen, bis wir die ersten Häuser von **Frohngau** erreichen.

Wir schwenken in die Straße Frohngau–Roderath rechts ein und nehmen nach 30 m am Ortsendeschild einen asphaltierten Wirtschaftsweg nach links. Er führt an einem militärischen Sicherheitsbereich vorbei und dann direkt auf den ersten Rotor der Windkraftanlage zu, der auf der Kuppe 2 des Himberges steht. Unmittelbar davor biegen wir rechts ab. Hier oben auf der Kuppe schweift der Blick weit über die benachbarten Höhenrücken.

Fast schnurgerade läuft unser Weg jetzt wieder auf eine Landstraße zu, die wir überqueren müssen. 15 m weiter gabelt sich unser Weg, wir halten uns rechts. Weiter geht es über die offene Feldflur. Kurz hinter einer Kuppe treffen wir auf einen kleinen Hochsitz und eine Sitzbank, ideal für eine Rast, dann tritt der Weg in ein Kiefernwäldchen ein. Wir wandern stets geradeaus weiter auf der deutlicher ausgeprägten Wegspur und ignorieren nach rechts oder links abzweigende Wege.

Nach einem kurzen Stück bergab beginnt der Weg allmählich wieder zu steigen. Mittelalter, dichter Fichtenwald begleitet uns jetzt.

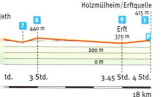

Tour 29

Unmittelbar an seinem Ende biegen rechts zwei Wege ab, wir nehmen den linken, der am Rande eines Weide entlang ins Tal hinunterführt. Dort **3** stoßen wir auf einen befahrbaren Wirtschaftsweg, dem wir rechts, wieder bergauf, folgen (1 Std.). Wir gehen an der ersten Gabelung geradeaus, halten uns bei einem Wege-T links und an der folgenden Verzweigung wieder rechts. Am Waldrand stoßen wir auf einen breiteren Querweg und gehen links auf eine Straße zu, nehmen aber 50 m davor einen schmalen Wiesenweg nach rechts. In einem leichten Rechtsbogen umrunden wir so die Kuppe des **Sollig**.

50 m weiter, an einer Wegverzweigung, halten wir uns links und folgen dem Weg entlang dem Weidezaun. Wir passieren ein Anwesen und stoßen kurz dahinter wieder auf die Landstraße. Auf ihr gehen wir kurz nach rechts und biegen dann links auf den asphaltierten Weg ein (Wegmarkierung JH). Wir befinden uns hier am Ortsrand von **Roderath** **4** (1.15 Std.). Hinter einer kleineren Windkraftanlage gehen wir links mit sanftem Gefälle zu Tal. Abzweigungen nach links oder rechts ignorieren wir fürs Erste. Sobald der Asphalt aufhört, steigen wir langsam wieder bergan und erreichen die Kuppe einer kleinen Anhöhe; hier nehmen wir den rechten Weg, an dem auch der Hochsitz steht (1.30 Std.). Er führt uns an einer Wiese rechter Hand entlang. An ihrem Ende biegen wir rechts ab und gehen bergab. Im Tal **5** treffen wir auf ein Sträßchen, das uns rechts nach **Bouderath** bringt (1.45 Std.). Wir folgen der Straße fast durch den ganzen Ort, bis linker Hand kurz vor dem Orts-

Von der Erftquelle über Roderath nach Schönau

ende die Jonas-Kreuz-Straße abbiegt, hier gehen wir links. Am Ortsendeschild biegen wir nach links in den Feldweg, nach einem Gebüsch wiederum links in einen Wiesenweg. Zwischen Wiesen und kleinen Buscharealen schlängelt sich der Weg auf halber Höhe am Hang entlang. Schließlich treffen wir auf einen asphaltierten Querweg, in den wir rechts abbiegen.

Es geht bergan. Nach etwa 400–500 m gehen wir an einer Wegkreuzung nach links, auf die ersten Häuser von Witscheiderhof zu. Im Ort treffen wir auf die Wilhelmstraße wandern auf ihr nach rechts durch den Ort und überqueren erneut die B 51 Richtung Bergrath. Von hier oben bietet sich ein wunderbarer Blick über die Eifellandschaft, und nach der Kuppe kommt auch schon **Bergrath** 6 in Sicht (2.30 Std.). Unmittelbar vor dem Ort tun sich dann überraschende Ausblicke auf: Nach links kann der Blick weit bis in die Kölner Bucht schweifen.

Im Ort folgen wir einem Quersträßchen nach rechts und gehen am Ortsende geradeaus auf dem steinigen Feldweg weiter. Er führt uns über eine Kuppe und senkt sich dann wieder deutlich zu Tal. Es geht durch ein Waldstück und durch Wiesen talwärts. Unser Weg endet an einem Querweg, ihm folgen wir nach rechts, weiter bergab.

Nach einem kleinen Waldstück treffen wir im Talboden 7 auf ein asphaltiertes Querstraßchen, dem wir weiter nach rechts ins Tal hinein folgen. Nach etwa 500 m steigen wir nach links auf die steile Kuppe und biegen oben auf einen asphaltierten Querweg links ab, hinunter nach **Schönau**. Wir gehen durch den Ort bis zur Landstraße Holzmühlheim–Schönau und auf dieser ein Stück nach links. Dann biegen wir nach rechts ab auf die im spitzen Winkel abgehende Asphaltstraße.

Am Ende des langen Gebüschstreifens rechter Hand lassen wir den Wiesenweg unbeachtet, nehmen aber den nächsten, etwas breiteren und deutlicheren Weg nach rechts. Wir gehen über eine Brücke 8 und folgen bei einer Abzweigung dem linken Weg. Er ist erst kürzlich frisch präpariert worden – grober Schotter im Buchenwald unter den Füßen ist ungewohnt. Hinter einer kleinen Straßenbrücke über die noch junge Erft 9 (3.45 Std.) trifft er wieder auf die Landstraße, die nach **Holzmühlheim** führt. Auf dieser Straße erreichen wir nach insgesamt 18 km und 4 Std. Gehzeit wieder unseren Ausgangspunkt 1.

Tour 30

Kelten, Köhler, Kommandeure

Rund um Bad Münstereifel

Das kleine geschäftige Städtchen, das mit zahlreichen Sehenswürdigkeiten lockt, heben wir uns für den Abschluss dieser nicht sehr strapaziösen Tour auf, die uns auf die Hügel östlich des Ortes führt.

DIE WANDERUNG IN KÜRZE

Anspruch: +

Gehzeit: 2.30 Std.

Länge: 10 km

Charakter: Einfache Tour auf meist guten Wegen

Wanderkarte: WK 1:25 000 Bad Münstereifel (WK 7 des Eifelvereins)

Einkehrmöglichkeit: In Bad Münstereifel

Anfahrt: Mit dem **Auto:** Autobahn A 1 bis Abfahrt Bad Münstereifel/Mechernich, dann Richtung Bad Münstereifel, am Rande des historischen Zentrums mehrere Parkplätze. Mit der **Bahn:** Mit dem Regional-Express bis Euskirchen, dort umsteigen nach Bad Münstereifel. Der Wanderweg führt direkt am Bahnhof vorbei.

Vom Parkplatz **1** gehen wir durchs Orchheimer Tor ins historische Zentrum von **Bad Münstereifel.** Die Orchheimer Straße mit ihren vielen Fachwerkhäusern gehen wir bis zum Ende und halten uns dort halbrechts zum Markt. Gegenüber der Jesuitenkirche St. Donatus halten wir uns links (Marktstraße), passieren das Rathaus und gehen an der Stiftskirche links vorbei ein paar Stufen hinab. Wir überqueren den Klosterplatz nach links, halten uns dann rechts und gehen auf der Straße Langenhecke nach rechts auf den Durchbruch der alten Stadtmauer zu, vorbei am historischen Haus Nr. 10. Im Hof daneben steht ein Mammutbaum, der hier allerdings nicht die gigantischen Höhen erreicht wie in der Neuen Welt. Linker Hand neben der evangelischen Kirche ein Haus aus gotischer Zeit. Unmittelbar vor dem Durchbruch biegen wir nach rechts, folgen dem Verlauf der alten Stadtmauer und verlassen das Zentrum durch das Werthertor.

Auf der Kölner Straße gehen wir am Bahnhof vorbei, dann nach rechts auf der kleinen Brücke über die Erft. Unmittelbar vor dem Eingang zum Kurpark biegen wir rechts ab (Zufahrt Waldhotel Brezing).

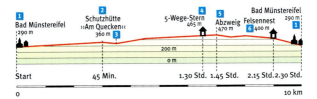

Rund um Bad Münstereifel

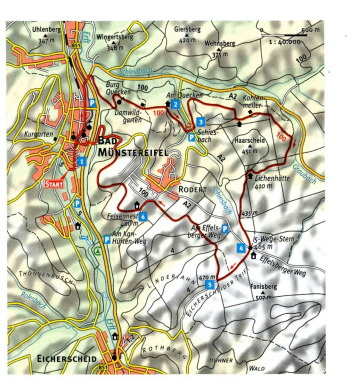

In der ersten scharfen Linkskurve des Weges biegen wir rechts ab in einen Waldweg mit Schranke. Langsam gewinnen wir an Höhe und können auf die Stadt hinunterblicken. Wir überqueren ein (meist trockenes) Bachbett und biegen direkt danach links ab Richtung Damwildgarten. Wir folgen dem Hauptweg auf die Spitze eines kleinen Bergsporns zu und passieren das historische Ringwallsystem **Alte Burg.** Den links den Hang hinunterführenden Weg ignorieren wir, folgen aber etwa 20 m weiter rechts einem schmalen Pfad in den Wald hinein ein Stück bergauf. So erreichen wir den Steinwall der Oberburg. Etwa am höchsten Punkt stoßen wir auf die eingezäunten Reste eines alten Rundturms (30 Min.).

Wir kehren zum Hauptweg zurück und steigen weiter im lichten Nadelholzwald mäßig bergan, links vorbei an der **Schutzhütte In den Quecken** 2. Bei der nächsten Forstschranke nehmen wir den geteerten Wirtschaftsweg nach links, der zur Straße 3 von Rodert ins Schleidbachtal führt. Wir überqueren die Straße nach links und nehmen etwa 40 m weiter den Weg rechts in den Wald hinauf (Forstschranke; Markierung A 3). Bei einem rekonstruierten **Holzkohlenmeiler** folgen wir dem Weg nach halblinks und umrunden die Kuppe des **Haarscheid.** Der Weg zieht sich weiter durch den Buchenwald.

Infotafeln zu verschiedenen geologischen und botanischen Besonderheiten begleiten unseren Weg.

Tour 30

Schließlich biegen wir an der **Eichenhütte** nach halblinks ab und folgen dann bei der Gabelung gleich darauf dem Forstlehrpfad (Markierung 100) nach rechts. Wir passieren zwei kleine Tümpel und betreten einen dichten Nadelwald. Wir bleiben auf dem Hauptweg, erreichen eine Kreuzung, halten uns links, an der darauf folgenden Gabelung rechts und gehen im Buchenwald bis zu einem **Fünf-Wege-Stern** 4 (1.30 Std.) bei einer Schutzhütte. Hier folgen wir dem zweiten Weg rechts Richtung Eicherscheid. Auf diesem »Eicherscheider Triftweg«, trieben früher die Eicherscheider ihr Vieh in den Wald zur Weide.

Bei der nächsten Wegkreuzung 5 halten wir uns ganz rechts. Der Weg führt im Buchenwald ein Stück bergab. Nach etwa 250 Meter stehen wir vor einer Wegverzweigung, hier gehen wir abermals nach rechts. Es geht noch ein kurzes Stück bergab, dann in einer Linkskurve sehen wir rechter Hand wieder einen kleinen Tümpel. Ab hier geht es wieder bergan. Über eine kleine Wegkreuzung (jetzt im Nadelwald) laufen wir geradeaus weiter. Schon bald können wir den Waldrand erkennen. Dort angekommen stoßen wir auf einen Querweg, auf den wir nach links abbiegen. Rechter Hand liegt nun offenes Wiesengelände, linker Hand begleitet uns noch ein kleiner Laubwald. Am Ende des Wäldchens erreichen wir einen weiteren Querweg, wieder halten wir uns links. Rechter Hand unter uns liegt das kleine Eifeldörfchen **Rodert**, (2 Std.) das eine wichtige Rolle in den Kriegsplänen Adolf Hitlers spielte.

Es geht jetzt ein Stück steiler bergab, dann stoßen wir auf die ersten Häuser der Ortes. Wir gehen geradeaus weiter, vorbei an den ersten beiden Häusern, um dann direkt dahinter auch schon wieder den Ort auf einem Weg nach links zu verlassen. Es geht ein Stück bergab, dann stehen wir an einer Schutzhütte, bei der sich der Weg gabelt. Wir folgen dem Wegweiser nach rechts Richtung Bad Münstereifel. Es geht auf weichem Untergrund wieder leicht bergauf. Wir umrunden die Kuppe des **Eselsberges**, auf dem Hitler einst sein »Felsennest« 6 bauen ließ, einen Kommandobunker, von dem aus der Krieg an der Westfront koordiniert wurde. Der Weg macht einen weiten Bogen und schließlich laufen wir wieder auf **Rodert** (2.10 Std) zu. Unmittelbar vor dem ersten Grundstück biegen wir nach links und 30 Meter weiter abermals nach links.

Wir passieren eine Forstschranke. Der Weg führt in einem lichten Wald um den **Radberg** herum. Linker Hand im Tal sehen wir schon Bad Münstereifel unter uns liegen. Hinter der nächsten Schranke stoßen wir auf eine Wegkreuzung, hier laufen wir geradeaus weiter, passieren bald die ersten Häuser, die hier oben vereinzelt in den Wald gebaut sind. Bei der nächsten Krzeuzung gehen wir links bergab auf das schmale Asphaltsträßchen. Vorsicht, hier fahren Autos, wegen der Enge ist er ratsam, besonders vorsichtig zu sein. In der ersten Rechtskurve führt ein Treppenweg links weiter bergab. Er endet an einem Sträßchen, auf dem wir nach rechts gehen. Gleich darauf unterqueren wir die B51, gehen durch das historischen Johannistor. Gleich darauf geht es nach links (rechts geht es zur Burg, wo man im Restaurant-Café einkehren kann), Noch ein klein wenig bergab, dann stehen wir unvermittelt mitten im Zentrum von **Bad Münstereifel** wieder auf Marktplatz. Von hier geht es auf nun bekannter Strecke wieder zurück zum **Parkplatz** 1 (2.30 Std.).

Tour 31

Kelten, Römer und eine Motte

Zwischen Kreuzweingarten und Iversheim

Wir sammeln Kulturgüter auf dieser Tour: eine römische Kalkbrennerei und eine ebenfalls römische Tempelanlage, eine keltische Wallanlage und schließlich eine mittelalterliche Burg. Aber auch die Natur geizt hier nicht mit Reizen.

DIE WANDERUNG IN KÜRZE

Anspruch: ++

Gehzeit: 4.30 Std.

Länge: 18 km

Charakter: Überwiegend einfache Wanderung auf meist guten Wegen und Pfaden. Der Abstieg vom Sportplatz in Kreuzweingarten ist etwas steiler und bei feuchtem Wetter rutschig.

Wanderkarte: WK 1:25 000 Bad Münstereifel (WK 7 des Eifelvereins)

Einkehrmöglichkeiten: In Iversheim und Kreuzweingarten sowie im Gasthaus an der Steinbachtalsperre

Anfahrt: Mit dem **Auto:** Auf der A 1 bis zur Ausfahrt Wißkirchen/Kommern/Kall, dann Richtung Wißkirchen. In Wißkirchen rechts Richtung Bad Münstereifel/Billig, auf der Landstraße 7–8 km bis zur B 51. Hier rechts bis zur Einmündung links nach Iversheim und rechts zur römischen Kalkbrennerei. Parkplatz rechts hinter den Bahngleisen. Mit der **Bahn:** RegionalBahn bis Euskirchen. Von dort entweder mit einer weiteren Regional-Bahn oder Bus 801 bis Iversheim bzw. Iversheim Bhf/Mitte.

Vom **Parkplatz** 1 bei **Iversheim** folgen wir der Straße bergauf und passieren kurz darauf rechts eine alte **römische Kalkbrennerei,** die direkt an den Bahngleisen liegt und nur zeitweise zur Besichtigung geöffnet ist. Schnell haben wir die Höhe der Kuppe erreicht und wandern durch die offene Feldflur. Nach etwa 500 m teilt sich unser Weg in drei Äste, hier halten wir uns ganz rechts. Wir gehen geradeaus auf die Landstraße zu, vorbei an den ersten Häusern des Örtchens **Kalkar,** und nehmen auf der anderen Straßenseite den Querweg 50 Meter weiter nach links, den nächsten Weg kurz darauf nach rechts. Er führt uns an den Rand des Naturschutzgebietes **Kalkarer Moor/ Arloffer Bruch** 2 (30 Min.).

An der nächsten Wegkreuzung biegen wir links ab und wandern durch das Feuchtgebiet, in dem die Natur – ganz sich selbst überlassen – üppig wuchert. Wir passieren den **Broicher Hof,** biegen dahinter auf der Landstraße Antweiler–Kreuzweingarten nach links und nach etwa 100 m auf den Wiesenweg rechts den Hügel hinauf – die ersten Eifelhöhen. Der Weg führt in einen niedrigen Eichenwald und trifft auf den **Römer-**

Tour 31

kanalwanderweg 3, dem wir nach rechts folgen. Am Waldrand halten wir uns rechts und erreichen dann den Ortsrand von **Kreuzweingarten** 4 (1.15 Std.). Auf Asphalt laufen wir ca. 50 Meter weiter geradeaus.

In der ersten Rechtskurve nehmen wir die Querstraße nach links, gehen an der nächsten Weggabelung rechts zwischen den Neubauten hindurch zum Sportplatz und dort rechts weiter auf ein kleines Wäldchen zu. Im Wald biegen wir wieder links ab, nach wie vor auf dem Römerkanalwanderweg, der dem Verlauf der alten Wasserleitung folgt. Hier steht ein kleines restauriertes Gebäude, vielleicht ein ehemaliger römischer **Tempel,** vielleicht auch nur das Haus eines Aufsehers über die römische Wasserleitung. Im Volksmund heißt das Gebäude ›Heidentempel‹.

Wir steigen einen schmalen, oft rutschigen Pfad bergab zur B 51 und gehen nach Kreuzweingarten hinein. Im Ort nehmen wir die Hubertusstraße, überqueren den kleinen Bach und biegen kurz darauf nach rechts ab, vorbei an einzelnen Häusern bis zur Bahnlinie, dahinter rechts auf ein schmales Asphaltsträßchen. Nach ca. 20 m folgen wir links einem Pfad, der sich in engen, teilweise ausgewaschenen Kehren bis hinauf zum **Alten Burgberg** 5 (1.30 Std.) windet, einem alten keltischen Ringwall.

Wir halten uns rechts und wandern durch das niedrige Eichenwäldchen. Bis auf die wallartigen

Verwerfungen im Gelände weist hier nichts auf die keltische Vergangenheit hin. In einem weiten Linksbogen windet sich unser Pfad um die Kuppe des Berges und senkt sich dann. Wir überqueren zwei Wege, halten uns beim dritten Querweg links, an der nächsten Wegkreuzung dann rechts und 20 m weiter abermals links (Jakobsmuschel). Dann treten

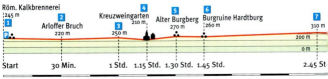

Zwischen Kreuzweingarten und Iversheim

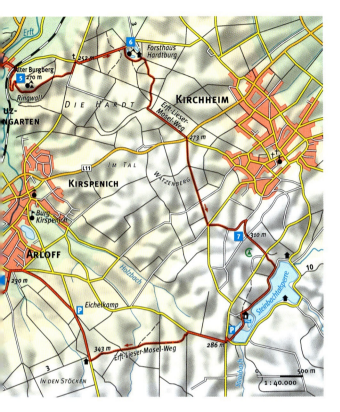

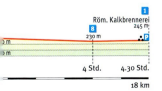

wir aus dem Wald heraus und erreichen die **Burgruine Hardtburg** 6 (1.45 Std.). Die Burg wurde einst durch einen Wassergraben geschützt, der Kern der Burg lässt sich noch erkennen und erkunden.

Wir gehen auf dem Rundweg weiter, immer wieder begleitet von Infotafeln über den mittelalterlichen Burgenbau und die Besonderheiten dieser Anlage. Etwa auf halber Strecke der Umrundung, auf der Südostseite, verlassen wir die Anlage und folgen dem Winkel des Eifelvereins nach rechts. Auf diesem Weg bleiben wir im Folgenden, bis wir am Waldrand links abbiegen (Markierung rot-weiß). Ein schnurgerades Asphaltsträßchen führt uns über die Landstraße L 11 hinweg zu einem Baum, der als Naturdenkmal ausgewiesen ist. Wir gehen nun nicht hinunter nach Kirchheim, sondern nehmen den steinigen Weg, der rechts auf die Hügel hinaufführt.

Wir halten stets auf das einzeln stehende weiße Haus zu und biegen dort in die Straße An der Rasthecke

Tour 31

ab. Sie führt an ein paar Häusern vorbei zum Sportplatz. Dort gehen wir rechts in die Nils-Bohr-Straße, passieren den Zeltlagerplatz Steintalsperre 7, überqueren eine Fahrstraße und erreichen über einen steinigen Pfad den Uferweg der **Steinbachtalsperre** (3 Std.). Hier wenden wir uns nach rechts. Wieder begegnet uns die Muschel, das Zeichen des Jakobspilgerweges.

Wir gehen bis zur Gaststätte und dort links. Bei der Einfahrt zum Waldfreibad stoßen wir auf die Talsperrenstraße und gleich darauf auf die Straße nach Bad Münstereifel/Arloff, in die wir rechts abbiegen. Wir gehen etwa 100 m die Straße entlang und biegen am Waldrand links ab, bei der Gabelung gleich darauf rechts und dann zügig geradeaus (Markierungen 12 und A 1). Bei einer Blockhütte nehmen wir den Weg nach rechts und erreichen den **Parkplatz Eichenkamp.** Dann geht es links nach Arloff. Wir treffen auf die Straße zur Steinbachtalsperre und biegen nach links ein. Bei einem steinernen Kreuz geht es links 8, an der Wegverzweigung kurz darauf rechts, dann aber geradeaus auf einem asphaltierten Wirtschaftsweg.

Schließlich macht unser Weg eine scharfe 90-Grad-Kurve nach links, gleich darauf eine nach rechts, führt durch eine kleine Mulde und trifft im spitzen Winkel auf einen Querweg: hier rechts. Vor dem Tor einer Trinkwassergewinnungsanlage geht es wieder nach links, vorbei an einem hölzernen Bildstock, dann geradeaus auf das Örtchen **Iversheim** zu.

Wir gehen in den Ort hinein, nehmen den Dohlenweg nach rechts und gehen bald parallel zum Bach, den wir schließlich überqueren, ebenso die Durchgangsstraße, die uns zur B 51 führt. Dort überqueren wir noch einmal Straße und Bahngleise und stehen wieder am **Parkplatz 1,** unserem Ausgangspunkt (4.30 Std.).

Wer mit Kindern unterwegs ist, wird sich an den Ruinen der Hardtburg sicher länger aufhalten

Tour 32

Am Rande des Vorgebirges

Von Rheinbach zu den ersten Eifelhöhen

Viele kleine Überraschungen bietet diese Wanderung: idyllisch im Wald gelegene Teiche, die spärlichen Ruinen einer alten Burg, ein ehemaliges Munitionsdepot und über allem ausgedehnte Buchenwälder.

DIE WANDERUNG IN KÜRZE

Anspruch: +

Gehzeit: 3.30 Std.

Länge: 16 km

Charakter: Abwechslungsreiche Wanderung auf guten Wanderwegen

Wanderkarte: WK 1:25 000 Rheinbach/Alfter (WK 6 des Eifelvereins) oder Topografische Karte 1:25 000 5307 (Rheinbach) und 5407 (Altenahr)

Einkehrmöglichkeit: In Rheinbach.

Anfahrt: Mit dem **Auto:** Autobahn A 61 bis Rheinbach, dann B 266 Richtung Euskirchen/Rheinbach auf die Stadtumfahrung; hier der Beschilderung Freizeitpark/Schwimmbad folgen, dort Parkmöglichkeit. Mit der **Bahn:** Mit dem RegionalExpress, IC oder der RegionalBahn bis Bonn, von dort weiter mit der Regionalbahn bis Rheinbach. Vom Bahnhof ca. 1,2 km bis zum Parkplatz am Freizeitpark.

Vom Parkplatz **1** am **Freizeitpark Rheinbach** aus gehen wir zunächst an einer Kaserneneinfahrt vorbei geradeaus in den Wald hinein. Nach etwa 20 m im Wald nehmen wir bei einer Weggabelung (nicht an der kleinen Pfadabzweigung kurz davor) nicht den gut ausgebauten Weg nach rechts, sondern den gleich links davon. Kurz darauf erreichen wir eine weitere Kreuzung, auch hier gehen wir nicht geradeaus weiter, sondern auf dem Pfad links daneben leicht bergan. Und 30 m weiter biegen wir erneut links ab.

Von nun an geht es immer geradeaus, dem Wegzeichen A8 folgend (es taucht erst nach der ersten Wegkreuzung auf), bis wir schließlich kurz hintereinander drei Holzstege queren; hier stoßen wir auf einen Querweg und gehen rechts. Wir überqueren den Stiefelsbach und halten uns links, vorbei an einem wunderschön im Wald gelegenen Teich. Hier gehen wir links, am **Forsthaus** vorbei, zur Straße, die wir nach links versetzt überqueren. Hier beginnt ein Wanderweg (Nr. 7, Pfeil), der ganz in der Nähe des Waldrands bleibt. Wir überqueren schließlich im Bereich einer Wegkreuzung den **Kappelchensbach** und biegen dann der Markierung 2 folgend rechts ab tiefer in den Wald. Wir passieren einige **Fischteiche**, nehmen bei einer Gabelung in Höhe des zweiten Teichs den linken Weg (A5), dem wir an einer Kreuzung nach rechts folgen und auf dem wir auch über einige Querwege hinweg bleiben, bis wir an einer Kreuzung links Richtung Tomburg

Tour 32

(TBG) abbiegen. Nach einem guten Stück geradeaus treffen wir auf die Markierung A12. Sie führt uns ein gutes Stück fast geradeaus bis wir nach einer deutlichen Linkskurve zu einer Wegkreuzung kommen, bei der wir nach rechts abbiegen. Bei der gleich darauf folgenden Gabelung halten wir uns ebenfalls rechts. Wir befinden uns bereits am Fuß des Burghügels. Kurz darauf geht es links ab ins Naturschutzgebiet und hinauf zu den Ruinen der **Tomburg** 2 (1.15 Std.). Auf gesicherten Pfaden lässt sich der Bergkegel mit dem Plateau und den Ruinen erkunden.

Wir gehen zurück bis zu dem Wirtschaftsweg, von dem wir vorher abgebogen sind, hier nach links weiter zu einem geteerten Fahrweg und rechts über den **Wanderparkplatz Kurtenbusch** 3 weiter geradeaus. Wir passieren die **Schutzhütte am Wolfsberg** 4 (1.45 Std.), überqueren

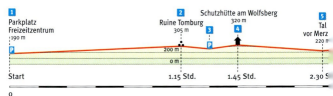

Von Rheinbach zu den ersten Eifelhöhen

in einer Wegkurve den Kapellchensbach und halten uns später rechts, wobei wir den Bach abermals queren. Hier an der Gabelung wieder rechts.

Wir gehen an einer Reihe kleiner Teiche vorbei und halten uns am Ende des letzten Teiches, ab jetzt immer der Markierung 1 folgend, links, ebenso bei der nächsten Gabelung. Unser Weg verläuft jetzt geradeaus bis zur Straße. Wir überqueren diese nach rechts versetzt und gehen dort auf dem Wanderweg weiter. Es geht geradeaus über den Wegestern am Schwarzen Kreuz. Am Waldrand biegen wir rechts in einen Weg ein (Markierung 1). Wieder geht es geradeaus durch Wald und Wiese, linker Hand liegt das Dorf Merzbach. Der Weg wird schmaler, mündet dann aber auf ein asphaltiertes Sträßchen, das hinunter in das Tal des Stiefelbaches 5 führt und schließlich an der Fahrstraße Wahlbach–Merzbach endet.

Wir folgen hier der Fahrstraße nach links und kurz darauf der Beschilderung Klein-Schlebach/Groß-Schlebach nach rechts, halten uns dann aber geradeaus am Waldrand entlang. Parallel zum Asphaltsträßchen verläuft wenige Meter im Wald ein Pfad, den man ebenfalls benutzen kann. Wir passieren den örtlichen Wasserhochbehälter und treten aus dem Wald heraus. Bei einer Bank unter einem Baum biegen wir rechts in einen Feldweg ein, wieder auf den Wald zu. Wir bleiben auf diesem Weg, auch über einen Querweg hinweg, bis uns verschiedene Zei-

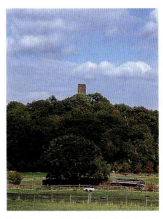

Schon von weitem sichtbar: die Ruine der Tomburg

chen des Eifelvereins (Krönungsweg, Weg Nr. 7, A9 und A10) nach rechts locken. Sie führen in den Wald zur Hütte am **Beuelskopf** 6 (3 Std.). Hier stand einst der Wischeler Turm, der aber abgeaut wurde, weil über die umgebenden Bäume keine freie Sicht mehr möglich war.

Weiter geht es vor der Hütte rechts auf unserem Pfad etwas tiefer in die Schonung hinein. Den abzweigenden Pfad in einer Linkskurve des Weges ignorieren wir. Es geht in den Hochwald hinein und erst bei dem Waldfahrweg mit der Markierung A9 biegen wir nach links ab. Bei der nächsten Kreuzung folgen wir dem Weg nach halbrechts. Er führt uns direkt durch das Gelände eines ehemaligen **Munitionslagers der deutschen Wehrmacht.** Es wurde gegen Ende des Zweiten Weltkrieges von britischen Truppen heftig bombardiert, aber Betonfundamente und ehemalige Zufahrten sind noch heute erkennbar. Es geht nun immer geradeaus, bis wir schließlich aus dem Wald heraustreten und wieder den Parkplatz am **Freizeitpark Rheinbach** 1 erreichen (3.30 Std.).

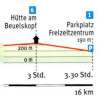

Tour 33

Wunderwerk der Technik

Von Houverath zum Effelsberger Radioteleskop

Diese kurze Tour bietet eine Fülle von Sehenswürdigkeiten. Neben etlichen kleinen Kirchen und Kapellen erwarten uns eine alte keltische Wallanlage sowie eine Errungenschaft unseres Technikzeitalters: das zweitgrößte Radioteleskop der Welt bei Effelsberg.

DIE WANDERUNG IN KÜRZE

Anspruch: +

Gehzeit: 3 Std.

Länge: 12 km

Charakter: Einfache Wanderung auf Sträßchen, Wegen und steilen Pfaden

Wanderkarte: WK 1:25 000 Bad Münstereifel (WK 7 des Eifelvereins)

Einkehrmöglichkeiten: In Houverath und Kirchsahr

Anfahrt: Mit dem **Auto:** Ab Bad Münstereifel Richtung Effelsberg, nach etwa 8 km links ab Richtung Rheinbach bis zur Abzweigung nach Schuld, durch Scheuren hindurch bis Abzweig Houverath, im Ort rechts bis Ortsmitte und links in die Eichener Straße zum Parkplatz am Sportplatz. Mit der **Bahn:** Mit der RegionalBahn von Köln bis Euskirchen, weiter bis Bad Münstereifel, von dort mit dem Anruf-Linien-Taxi oder dem Bus bis Houverath/Limbacher Straße. Sonntags keine Verbindung!

Unsere Wanderung startet in **Houverath**. Vom Parkplatz am Sportplatz **1** gehen wir auf dem Asphaltsträßchen bergab bis zum ersten Abzweig, dort biegen wir rechts in das Sträßchen Zur alten Kirche ein, auf dem wir nach kurzer Zeit die malerisch unter Bäumen gelegene spätgotische **Kapelle St. Thomas** erreichen.

Bei der Kapelle nehmen wir den Pfad, der hinunter zu den Wiesen und zum Waldrand führt. Hier gehen wir rechts und halten auf ein Fahrsträßchen zu, biegen aber kurz davor auf den Weg Nr. 3 nach links. Bei der 5 Minuten später folgenden Weggabelung halten wir uns rechts und erreichen die Landstraße Lanzerath–Eichen.

Hier halten wir uns rechts und wandern auf der ersten Straße links nach Lanzerath hinein (Markierung 3). Bei der ersten Querstraße gehen wir links

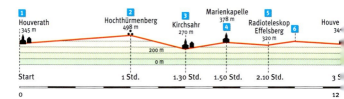

| **1** Houverath 345 m | **2** Hochthürmenberg 498 m | **3** Kirchsahr 270 m | Marienkapelle 378 m **4** | **5** Radioteleskop Effelsberg 320 m | **6** Houve 34 |

Start — 1 Std. — 1.30 Std. — 1.50 Std. — 2.10 Std. — 3 S

144

Von Houverath zum Effelsberger Radioteleskop

und biegen 20 m weiter der Hochthürmer Straße folgend nach rechts. Ihr folgen wir durch den Ort und nehmen an einer Weggabelung den Hochthürmen-Rundweg (Nr. 2) nach rechts bergauf. An der nächsten Weggabelung halten wir uns auf der linken Wegspur: Brombeerbüsche begleiten uns, und zum ersten Mal wird uns der Blick frei auf die Eifellandschaft.

Wir gehen stetig bergan, bis unser Weg schließlich an einem Querweg endet, hier wenden wir uns nach rechts. Unterhalb sieht man die Kapelle von Houverath noch gerade über die Baumwipfel lugen. Wir folgen dem Weg Nr. 2 an der nächsten Wegkreuzung scharf links, wandern ein Stück durch den Wald, gehen beim nächsten Querweg rechts. 50 m weiter stehen wir an einem Wanderparkplatz mit Infotafel. Wir folgen dem Weg linker Hand, gekennzeichnet mit den Markierungen 2 und 9 des Eifelvereins, er führt uns jetzt in einen höheren Buchenwald hinein. Nachdem auf dem letzten Wegstück eine Wegkreuzung und Weggabelung die andere abgelöst hat, geht es nun für ein gutes Stück nur geradeaus, hier verwirren uns weder Abzweigungen noch Weggabelungen. In kaum merklichem Auf und Ab umrundet unser Weg in einem Bogen den Hochthürmenberg. Schließlich treffen wir doch auf zwei Abzweigungen: Den Weg rechter Hand ignorieren wir ebenso wie den wenige Schritte später zur Linken. Wir passieren (wiederum links) eine kleine Waldwiese. Rechter Hand zweigt kurz darauf spitzwinklig ein Weg bergab, diesen merken wir uns, wir werden gleich darauf zurückkommen, laufen jetzt aber erst einmal weiter geradeaus.

Tour 33

50 m weiter, kurz vor dem Waldrand, folgen wir einem steil bergauf führenden Pfad nach links (weiße Pfeile) auf ein Plateau. Hier erheben sich die Reste eines **Steinwalls** 2 (1 Std.) aus Basaltsteinen, der in römischer, möglicherweise auch bereits in eisenzeitlicher Zeit als Verteidigungsanlage diente. Dem Hang vorgelagert finden sich mehrere Stufenwälle.

Wir steigen wieder ab, bis wir die vorhin erwähnte Wegabzweigung erreichen, und biegen links ab, den Berg hinunter. Wir folgen nun dem **Ahr-Venn-Weg** nach links und bleiben in einer Linkskurve kurz nach einer Lichtung auf dem deutlich erkennbaren Pfad geradeaus. Es geht stetig bergab, am Ende einer kurzen Hohlwegpassage bleiben wir auf dem Hauptweg, der uns direkt nach **Kirchsahr** 3 (1.30 Std.) führt. Wir gehen durch den Ort bis zur Durchgangsstraße, gehen nach links über die Brücke und dann zwischen zwei Wohnhäusern hindurch Richtung Kapelle Seeligen und Radioteleskop (Wegzeichen 6). Wir kommen auf eine Querstraße und können hier einen Abstecher rechts zum Kirchlein **St. Martin machen,** einem Bruchsteinbau von 1729/30. Der Weiterweg führt auf der Querstraße nach links und an der nächsten Straße rechts bergan, vorbei an den letzten Häusern des Ortes und an der nächsten Wegkreuzung links auf ein asphaltiertes Sträßchen. Es führt uns direkt zur malerisch von einem mächtigen Baum bewachte **Marienkapelle** 4 (hinauf 1.50 Std.). Von hier aus schweift der Blick zum gegenüberliegenden Hochthürmen, nach Effelsberg und über die umliegenden Höhen.

Wir wählen den Weg, der mit Blick zur Kapelle rechts hinunterführt, 50 m weiter folgen wir dem Weg, der links in den Wald hineinführt. Kaum haben wir den Übergang von Laubwald in Nadelwald erreicht, treffen wir auf einen Querweg, dem wir nach rechts zum **Radioteleskop von Effelsberg** 5 (2.10 Std.) folgen. Geradezu gigantisch wirkt diese Schüssel, wenn man zu ihren Füßen steht. Das zweitgrößte vollbewegliche Radioteleskop der Welt – der Parabolspiegel des Teleskops hat einen Durchmesser von 100 m – wird vom Max-Planck-Institut betrieben, um mit Hilfe aufgefangener Radiowellen Sterne und Galaxien im Weltall zu beobachten.

Der Weg senkt sich weiter ins Tal des Effelsberger Baches. Nach einem guten halben Kilometer zweigt rechts ein breiter Pfad ab, markiert durch je einen Grenzstein links und rechts. Diesen wählen wir und gehen auf ihm steil bergauf 6, immer geradeaus, bis **Limbach.** Wir gehen bis zur Durchgangsstraße (Hubbelrather Straße) und auf ihr nach rechts aus dem Ort. Kurz darauf erreichen wir **Houverath.** Wir bleiben auf der Durchgangsstraße fast bis zum Ortsende, kreuzen die Eifeldomstraße und erreichen das Sträßchen, das zum **Sportplatz** 1 führt, zu unserem Ausgangspunkt (3 Std.).

Ein' feste Burg ... – die St.-Thomas-Kapelle in Houverath

Tour 34

Ein markanter Geselle

Von Wershofen nach Aremberg

Von vielen Stellen der mittleren Eifel aus ist der Aremberg zu erkennen. Zusammen mit Hoher Acht und Nürburg gibt er dem Horizont mit seiner runden Basaltkuppe ein markantes Profil.

DIE WANDERUNG IN KÜRZE

Anspruch: ++

Gehzeit: 4.30 Std.

Länge: 20 km

Charakter: Lange Wanderung auf meist guten Wegen, am Ende durch unwegsames Gelände bergauf

Wanderkarte: Oberes Ahrtal (WK 11 des Eifelvereins 1:25 000)

Einkehrmöglichkeiten: in Antweiler, Aremberg, Eichenbach

Anfahrt: Mit dem **Auto:** A 1 bis Autobahnende, an der Ausfahrt links. Nach 4 km links Richtung Wershofen/Ohlenhard. In Wershofen der Hauptstraße bis zu einer scharfen Rechtskurve folgen, dort links in die Kottenborner Straße, 500 m bis zu einer Sitzgruppe außerhalb des Ortes (Parkmöglichkeit).

Wir gehen vom Parkplatz **1** in Fahrtrichtung weiter, den Ort im Rücken, und nehmen vor der Sitzgruppe den linken Wegabzweig. Mit der Kuppe des Arembergs zur Rechten führt unser Weg durch offenes Wiesengelände zur **Herz-Maria-Kapelle**. Von hier bietet sich ein wunderschönes Panorama auf die umliegenden Höhenzüge. Wir gehen weiter geradeaus bis zu einem geschotterten Querweg (Markierungen B, D, 2), dem wir nach links in den Wald folgen.

Bald stehen wir an einer Wegverzweigung und halten uns rechts bergab. 30 m weiter biegen wir abermals rechts ab, während die Markierung 2 links weiterführt. Der Weg führt nun im hohen Buchenwald in scharfen Kehren (im Anttal) abwärts. Nach der letzten Spitzkehre (nach links) wandern wir am Rand eines steil abfallenden Geländeeinschnittes weiter. In der nächsten Rechtskurve nehmen wir den Abzweig nach links, einen Waldweg, der sich mal mit mehr mal mit weniger Gefälle über eine längere Distanz abwärts schlängelt. Er mündet schließlich auf einen weiteren Weg, hier halten wir uns rechts, an der folgenden Weggabelung links und dann geradeaus zur Landstraße 74.

Auf der Straße gehen wir ein Stück nach links, über den Dreisbach, zur Kreuzung mit der Ahrtalstraße. Hier müssen wir – ohne Fußweg! – nach rechts durch **Laufenbacherhof 2** (1 Std.) und weiter bis **Fuchshofen**. HIer links über die Ahr und in den Ort hinein. Gleich hinter der kleinen Kirche nehmen wir rechts den Lindenweg.

Vorbei an den letzten Häusern geht es leicht bergab. Wir stoßen auf einen asphaltierten Weg mit der Mar-

Tour 34

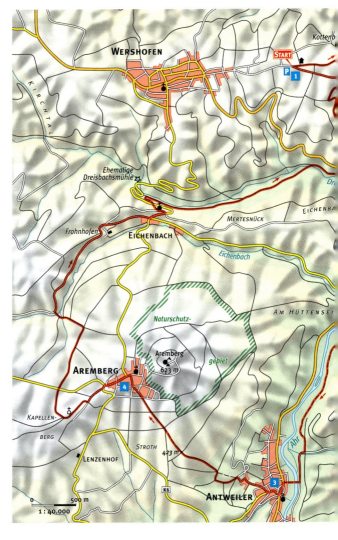

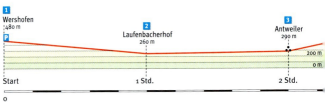

Von Wershofen nach Aremberg

kierung A (Ahrtalweg) des Eifelvereins. Es handelt sich um die als Radweg hergerichtete alte Bahntrasse der Ahrtalbahn. Auf dieser bleiben wir nun für etwa 4 km. Zwischendurch hört der Asphalt auf, der Weg ist mit hellem Splitt befestigt. Schließlich führt der Weg für etwa 20 m abwärts. Hier, etwa auf der Höhe der ersten Häuser von **Antweiler** 3 (2 Std.) gehen wir an der Wegkreuzung rechts, durch eine kleine Bahnunterführung, etwas später auf einer schmalen Fußgängerbrücke über die Ahr. Auf der Durchgangsstraße gehen wir nach links und folgen der Straße bis zum Abzweig rechter Hand nach Aremberg.

Ein kurzes Stück folgen wir dem Straßenverlauf (Markierungen 2 und F), dann biegen wir rechts in den Eichenbacher Weg ab, später links in die Straße Alenseifen (Wegmarkierung Aremberg). Wir passieren die letzten Häuser und eine Kapelle, der Asphalt hört auf und der Weg führt nun relativ steil bergan. Am Waldrand halten wir uns bei der Wegverzweigung rechts, kurz darauf links, dann immer geradeaus, über den nächsten Querweg sowie einen Fünf-Wege-Stern hinweg. Linker Hand kann der Blick nun wieder weit in die Ferne schweifen. Bewaldete Kuppen wechseln sich ab mit Ackerflächen und weiten Wiesenarealen. Schließlich erreichen wir nach einem langen, steilen Anstieg die Hauptstraße von **Aremberg** 4 (2.30 Std.).

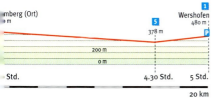

Tour 34

Abstecher: Nach rechts geht es auf den Aremberg, wo Mauerreste und ein restaurierter Turm von der einstigen Größe der spätmittelalterlichen **Festungsanlage Schloss Arenberg** zeugen.

Nach links geht es auf der Durchgangsstraße Richtung Antweiler. Am Ortsrand macht die Straße eine scharfe Linkskurve, hier wandern wir geradeaus auf der alleeartigen Kapellenstraße zur **Schutzengelkapelle.** Beim Wegabzweig nach der Kapelle gehen wir scharf rechts und erreichen schnell die Kreisstraße 7, die wir überqueren.

Wir gehen weiter geradeaus bis zur nächsten Wegkreuzung (Markierungen 2, 3) und biegen dort links ab, verlassen den Weg aber nach 200 m in einer scharfen Rechtskurve wieder und folgen dem schmaleren Weg geradeaus, der sich tiefer in den Nadelwald schlängelt. Wir überqueren kurz hintereinander zwei Bäche (15 km) und nehmen dann den befestigten Waldweg nach rechts.

Für einen guten Kilometer geht es nun fast eben durch den Wald. Hier liegt rechts die kleine Siedlung **Frohnhofen,** wenig später erreichen wir **Eichenbach** (17 km).

Noch bevor wir auf die Durchfahrtsstraße des Ortes stoßen, folgen wir links dem Sträßchen zu einem Wanderparkplatz unterhalb der Kirche und stehen dort an einem Fünf-Wege-Stern. Wir entscheiden uns für den schmalen **Erft-Lieser-Mosel-Weg,** der unmittelbar vor dem kleinen Marienbildstock links in den Wald hineinführt (Nr. 5, schwarzer Pfeil). Er führt hinab zu einem Waldweg, in den wir links einschwenken, um nach 20–30 m rechts in den Pfad talwärts einzubiegen. Wir treffen wieder auf den breiten Waldweg, der in weiten Serpentinen talwärts führt.

Hier, am Scheitelpunkt der Kurve, führt rechts ein schmaler Weg in den Wald, der an heißen Sonnentagen vorzuziehen ist. Für etwa 2 km führt er oberhalb des Dreisbaches durch den schattigen Laubwald. Am Ende geht es über eine schmale Brücke über den Bach **5**, wo wir auf einen gut befestigten Wirtschaftsweg stoßen (19 km), hier rechts. Hier trifft man auf Wegvariante 2.

Achtung: Etwa 800 m weiter weist auf der Höhe einer Bank die Markierung D an einem Baum nach links bergauf: Ein schmaler Weg führt im Wald bergan. Wenige Minuten später schon stehen wir an der Straße von Schuld nach Wershofen. Direkt gegenüber auf der anderen Straßenseite ist der Weg nur anfänglich bequemer, im oberen Teil ist der Untergrund lockerer und steiniger. Wo er in einer scharfen Rechtskehre den kleinen Geländeeinschnitt quert, gehen wir auf undeutlicher Wegspur weiter geradeaus. Am Ende versperren umgestürzte Bäume den Weg. Festes Schuhwerk ist hier eine große Hilfe. Wir queren kurz nach rechts, dann ohne Weg in etwa gerader Richtung aufwärts (an den umgestürzten Bäumen rechts vorbei), wo man durch die Bäume schon eine freie Wiesenfläche erahnen kann und steigt dann bis zu ihrem Rand weiter bergauf bis zu einem Querweg, dort links.

Es geht aus dem Wald heraus, und schon wenige Schritte später können wir die Kuppe sehen, auf der wir morgens unsere Wanderung begonnen haben. Bald treffen wir auf einen schmalen Asphaltweg, der uns zum Ausgangspunkt **1** etwas außerhalb von **Wershofen** führt (4.30 Std.).

Tour

Fast alpine Ausblicke

Von Mayschoß zum Steinerberghaus

Vom lebhaften Mayschoß geht es zwischen Weinstöcken hinaus in die Ruhe und Einsamkeit des Waldes. Ziel der Wanderung ist das Steinerberghaus, eine an eine Alpenhütte erinnernde Gaststätte auf dem Steinerberg mit einer fantastischen Rundumsicht.

DIE WANDERUNG IN KÜRZE

Anspruch: +

Gehzeit: 2.30 Std.

Länge: 11 km

Charakter: Stetiger Aufstieg, zwischendurch ein paar flachere Passagen, auf Waldwegen und am Ende auf Pfaden, insgesamt gut zu gehen. Der Ausblick lohnt die kurze Mühe allemal.

Wanderkarte: WK 1:25 000 Das Ahrtal (WK 9 des Eifelvereins)

Einkehrmöglichkeiten: In Mayschoß, vorzugsweise aber im Steinerberghaus

Anfahrt: Mit dem **Auto:** Über die A 61 bzw. A 565 bis Kreuz Meckenheim, dann über die B 257 nach Altenahr. Dort Richtung Mayschoß, kurz vor dem Ortseingangsschild von Mayschoß rechts über die Ahrbrücke zum Bahnhof, dort Parkplatz. Mit der **Bahn:** Mit dem RegionalExpress bis Sinzig, weiter mit dem Bus Richtung Altenburg/Altenahr bis Mayschoß.

Die Tour beginnt am Bahnhof **1** in **Mayschoß**. Den Bahnhof im Rücken verlassen wir den Parkplatz und gehen zwischen Weingärten auf die Eisenbahnbrücke zu. Rechter Hand liegt ein kleiner Campingplatz. Nach der Brücke gehen wir links Richtung Rech und Saffenburg. Zwischen Gebüschstreifen steigt der Weg allmählich an und gabelt sich nach 150 m bereits wieder. Diesmal wählen wir den rechten Abzweig und halten uns dann geradeaus (Wegmarkierungen 3 und 2).

Wenige Schritte später bietet sich nach einer Wegkreuzung ein Abstecher zur **Saffenburg** **2** (15 Min.) auf einem Bergsporn hoch über dem Ort an. Von der alten Burg sind nur noch ein paar Grundmauern erhalten, doch der fantastische Blick über das Ahrtal entschädigt für den Aufstieg.

Zurück bei der Wegkreuzung halten wir uns links und wählen den bergaufführenden Weg, bei der Gabelung 30 Meter weiter gehen wir links (Wegzeichen 3). Wir steigen bergauf in ein Seitental, das vom Ahrtal wegführt. Ein **Steinkreuz** erinnert an die Gründung der Bruderschaft des Apostels Matthias anno 1696.

Danach wird der Weg allmählich etwas flacher und bald erreichen wir wieder eine Weggabelung. Hier nehmen wir den Weg scharf nach rechts (Rundweg 3, M3, 1, Steinerberg). Er führt vorbei an einem hohen Schie-

Tour 35

ferblock mit einem Gedenkkreuz (Wegmarkierung 1). Buchen, vereinzelt auch Eichen und Linden, spenden Schatten.

Bald führt der Weg über eine kleine Kuppe, fast eben geht es weiter. Bei einem weiß schimmernden Bildstock (**Flucht nach Ägypten** 3, 45 Min.) treffen wir auf einen Querweg und biegen links ab Richtung Steinerberghaus. In Serpentinen windet sich der Weg weiter den Berg hinauf. Er ist an vielen Stellen ausgewaschen und daher beschwerlich zu gehen. Wir kommen am **Antonius-Kreuz** vorbei, das sich etwas im Gebüsch am linken Wegrand versteckt. Gleich darauf stehen wir an einer kleinen Waldlichtung, an der sich der Weg gabelt. Wir wählen den linken Abzweig und halten uns 20 m weiter bei einem Querweg wieder links. Mehrfach zweigen Wege in den Wald ab, diese lassen wir unbeachtet.

Nach einem kurzen Stück bergab lichtet sich das Eichenwäldchen und macht einem kleinen Nadelwald aus Fichten und Kiefern Platz. Der Weg senkt sich und am tiefsten Punkt stoßen wir auf einen Querweg, den wir aber in beinah gerader Richtung überqueren. Wegmarkierungen zum Steinerberghaus und der Winkel des Eifelvereins weisen uns hier den Weg. 10 m weiter gabelt sich der Weg erneut, wir wählen wieder einmal den links bergwärts führenden Pfad. Wir erreichen schließlich ein querendes Asphaltsträßchen, das wir aber wiederum in gerader Linie überschreiten, steigen noch einmal etwa 50 m weiter bergan. Jetzt tritt auch wieder Schiefer im Untergrund zutage. Schließlich lichtet sich der Wald, wir wandern nur noch 30 m durch Gebüsch und stehen unvermittelt auf der freien Hochfläche des **Steinerberges** 4 (1.15 Std.). Die unvermeidlichen Richtfunkantennen sowie trigonometrische Messpunkte markieren hier den höchsten Punkt. Das Steinerberghaus bietet einen willkommene Möglichkeit zur Einkehr.

Von der Hochfläche gehen wir auf demselben Weg zurück: Wir überqueren das Asphaltsträßchen, wandern durch den Laubwald wieder bergab, zunächst gemächlich, dann etwas steiler. Am Fuße des kleinen Hanges stoßen wir wieder auf einen Querweg, halten uns kurz nach rechts und an der gleich darauf folgenden Wegkreuzung links. Nadelwald macht allmählich Laubwald Platz und schon stehen wir an einer Wegkreuzung (linker Hand eine Wiesenfläche): Hier halten wir uns ganz rechts und folgen dem undeutlich mit Mayschoß markierten Weg.

Etwa 150 m weiter treffen wir wieder auf einen Querweg, diesmal halten wir uns links, knapp 150 m weiter, beim Querweg, der von der Antoniusruh herführt, ebenfalls links. An der nächsten Wegkreuzung folgen wir dem Winkelzeichen geradeaus, an der nächsten Weggabelung,

Von Mayschoß zum Steinerberghaus

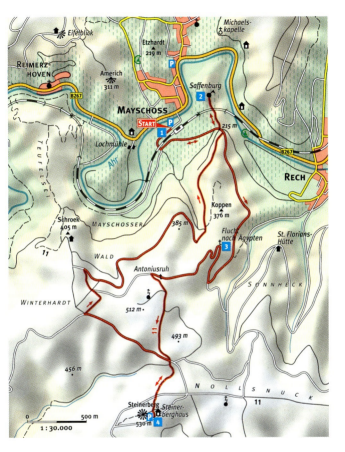

wo sich ein wunderbarer Blick auf Mayschoß bietet, rechts. Auch an der nächsten Wegkreuzung halten wir uns rechts. Das Wirrwarr der Wegkreuzungen und Abzweigungen hat vorübergehend ein Ende, fast ohne Abzweigungen laufen wir jetzt am Hang weit oberhalb der Ahr entlang, bis wir uns schließlich an einer Weggabelung nach links talwärts wenden. 200 Meter weiter teilt sich der Weg erneut. Hinweisschilder nach Mayschoß wollen uns nach links locken. Wir laufen aber tapfer weiter geradeaus, da dieser Weg zumindest im Sommer ein Stück schattiger ist.

Schließlich stoßen wir wieder auf die Wegkreuzung unterhalb der Saffenburg, gehen links nach **Mayschoß** hinab und erreichen damit unseren Ausgangspunkt 1 (2.30 Std.).

Register

Abenden 35
Ahekapelle 96
Ahr-Venn-Weg 146
Ahrmühle 124
Alendorf 114, 116, 119
Alter Burgberg 138
Anstois 73
Antweiler 149
Aremberg 147, 149
Arloffer Bruch 137

Bad Münstereifel 134
Baraque Michel 51, 57
Bayehon-Bach 48
Bergrath 133
Bergheim 78
Bernersknipp 72
Beuelskopf 143
Biberkolonie 24
Birgel 113
Blankenheim 122
Blankenheim-Wald 126
Botrange 56
Bouderath 132
Brack-Venn 43
Brandenburger Tor 22
Breitenbenden 78
Brotpfad 122
Brunnenstube Grüner Pütz 88
Burg Dalbenden 76
Burg Nideggen 35
Burg Reifferscheid 100
Burgruine Hardtburg 139

Dahlem 126
Deutsch-Belgischer Naturpark Eifel-Hohes Venn 8
Dreiborn 66, 97
Dreiborner Hochfläche 66
Dreilägerbachtalsperre 26, 31

Effelsberger Radioteleskop 144
Eifelbasilika 74
Eiserfey 82
Erft-Lieser-Mosel-Weg 150
Erftquelle 130
Erlöserkapelle Mirbach 117
Eschbach 46
Eselsberg 136

Fagne de Polleur 57
Festungsanlage Schloss Arenberg 150
Feusdorf 112
Feyer Mühle 80
Fischbachkapelle 57
Forsthaus Mariawald 72
Friesenrath 31
Frohnhofen 150
Frohngau 131

Fuchshofen 147
Fuchshöhle 89
Fuhrtsbach 59

Gemünd 70
Getzbach 43
Goldberg 108
Görresburg 96
Grube Wohlfahrt 104

Haarscheid 135
Hahnenberg 101
Hallenthaler Mühle 88
Hallschlag 108
Haus Eichen 102
Hermesberg 85
Herz-Maria-Kapelle 147
Hescheld 102
Hill 51
Hohes Venn 48, 51
Holzmühlheim 130
Houverath 144
Hürtgenwald 22
Hürtgenbach 24

Iversheim 137

Joseph-Schramm-Weg 88
Jünkerath 111

Kakushöhle 82
Kalkarer Moor 137
Kall 74
Kalvarienberg 116
Kanzelley 39
Kapelle St. Agatha 116, 121
Kapelle St. Thomas 144
Katzvey 80
Kermeter 70
Kermeterkreuz 72
Kirchsahr 146
Klosterruine Schwarzenbroich 18
Kloster Maria Frieden 129
Kloster Steinfeld 74
Klosterkirche Wenau 20
Kradenhövel 102
Kreuz der Verlobten 56
Kreuzberg 102
Kreuzweingarten 137
Kronenburg 107
Kronenburger Stausee 110
Kronenburger Wald 104
Kupferstraße 43
Kyll 110

Lac de Eupen 44
Lampertstal 114, 119
Laufenbacherhof 147
Laufenburg 20
Les Potales 51

154

Register

Les Wes 56
Limbach 146
Lissendorf 111

Malakow-Turm 81
Manscheider Bach 103
Marienkapelle 146
Marmagen 91
Mayschoß 151
Mechernich 78
Mechernicher Bleibergwerk 81
Merode 19
Mirbach 114
Mulartshütte 32
Mützenich 40

Nationalpark Eifel 8, 62, 66, 70
Naturdenkmal Dürrer Berg 117
Naturdenkmal Eusberg 114
Naturdenkmal Kaiser Karls Bettstatt 41
Naturschutzgebiet Stolzenburg 76
Naturschutzgebiet Struffelt 30, 34
Naturschutzreservat Hohes Venn 6
Naturschutzreservat Neur Lowé 48
Nettersheim 87, 92
Neuhaus 106
Neur Lowé-Venn 58
Nideggen 35
Nonnenbach 124
Nussheckerhof 123

Oberes Kylltal 108
Oberreifferscheid 101
Olefer Hardt 97
Olefer Kirchwald 70, 73

Parkplatz Grenzweg 43
Parkplatz Wahlerscheid 62
Perlenbach 59
Perlenbacher Mühle 59
Pferdekopf 77
Polleur-Venn 56
Priorkreuz 51

Quellfassung Grüner Pütz 88

Radberg 136
Reifferscheid 100
Reinesberg 115
Rescheid 104
Rheinbach 141
Ringwallsystem Alte Burg 135
Rinnen 77
Roderath 130, 132
Rodert 136
Römerkanalwanderweg 75, 80, 84, 137
römische Brunnenstube 86
römische Kalkbrennerei 137
römische Wasserleitung 81
römischer Bauhof 81

römisches Aquädukt 82
Roter Wehebach 24
Rotenbüchel 43
Rott 30, 34
Rotter Wald 29

Saffenburg 151
Sankt Johann Baptist 110
Schafsbach 72
Scheuren 99
Schevenhütte 16
Schleiden 97
Schloss Schmidtheim 127
Schmidtheim 127
Schnorrenberg 106
Schönau 130
Schutzengelkapelle 150
Schutzhütte Bellesfort 46
Schutzhütte In den Quecken 135
Schutzhütte Katzensief 98
Sieberath 102
Siedlung Kitzenhaus 31
Siedlung Rotterdell 34
Signal de Botrange 58
Sötenich 76
Steinbachtalsperre 140
Steinerberg 152
Steinerberghaus 151
Steinley-Venn 42

Tempelanlage Görresburg 93
Tomburg 142

Unterschömbach 102
Urfey 86
Urft 73, 93
Urfter Mühle 76

Vallée du Bayehon 50
Veybach 86
Vichtbach 32
Viehbach 68
Vieux Chêne 50
Vollem 86
Vorgebirge 141
Vussem 82

Wacholderwanderweg 120
Wehebachtalsperre 24
Weißer Wehebach 24
Wershofen 147
Wesertalsperre 44
Weyer 85
Wildenburg 100
Willy-Bordus-Weg 102
Windkraftanlage Ormonter Goldberg 108
Wolfgarten 72
Wüstebach 62, 68

Zingscheid 103
Zweifall 26

Abbildungsnachweis/Impressum

Titelbild: Bohlenweg durch ein Hochmoor bei Monschau im Naturpark Hohes Venn-Eifel

Fotografen:
Bildagentur Huber, Garmisch-Partenkirchen: Titelbild (Schmidt)
TextBildKunst Lektorat UG, Köln: S. 8, 10, 12, 77, 89, 93, 131, 146
Hans-Joachim Schneider, Köln: alle übrigen Fotos

Kartografie: DuMont Reisekartografie, Fürstenfeldbruck
© DuMont Reiseverlag, Ostfildern

Über den Autor: Hans-Joachim Schneider, geb. 1953 im Hunsrück, studierte Diplom-Pädagogik, lebt seit 1974 in Köln und arbeitet als Lektor und Autor. Über kurzfristige Änderungen bei den aktuellen Wegverläufen informiert er regelmäßig – soweit er darüber Informationen erhält – auf seinem Wanderblog www.anderswandern.de

Dank
Bedanken möchte ich mich bei allen Lesern, die mir mit ihren Leserbriefen zu Änderungen bei den Wegverläufen geholfen haben, das Buch auf dem neuesten Stand zu halten. Mein besonderer Dank gilt Herrn Dr. Hans-Joachim Spors vom Nationalparkforstamt Eifel für die ausführliche Beratung und die Hinweise bezüglich des Wegeplans im Nationalpark.

Bitte schreiben Sie uns, wenn sich etwas geändert hat!
Alle in diesem Buch enthaltenen Angaben wurden vom Autor nach bestem Wissen erstellt und von ihm und dem Verlag mit größtmöglicher Sorgfalt überprüft. Gleichwohl sind – wie wir im Sinne des Produkthaftungsrechts betonen müssen – inhaltliche Fehler nicht vollständig auszuschließen. Daher erfolgen die Angaben ohne jegliche Verpflichtung oder Garantie des Verlages oder des Autors. Beide übernehmen keinerlei Verantwortung und Haftung für etwaige inhaltliche Unstimmigkeiten. Wir bitten dafür um Verständnis und werden Korrekturhinweise gerne aufgreifen:
DuMont Reiseverlag, Postfach 31 51, 73751 Ostfildern
E-Mail: info@dumontreise.de · Internet: www.dumontreise.de

5., aktualisierte Auflage 2014
© DuMont Reiseverlag, Ostfildern
Alle Rechte vorbehalten
Grafisches Konzept: Groschwitz, Hamburg
Printed in China